青少年科普图书馆
世界科普巨匠经典译丛·第六辑

越玩越聪明的
萨姆·劳埃德思维游戏 上

[美]萨姆·劳埃德 著　刘丙海 编译

上海科学普及出版社

图书在版编目（CIP）数据

越玩越聪明的萨姆·劳埃德思维游戏.上／(美)萨姆·劳埃德著；刘丙海编译.—上海：上海科学普及出版社，2015.1（2021.11重印）

（世界科普巨匠经典译丛·第六辑）

ISBN 978-7-5427-5962-7

Ⅰ.①越… Ⅱ.①萨… ②刘… Ⅲ.①智力游戏—普及读物 Ⅳ.① G898.2

中国版本图书馆 CIP 数据核字 (2013) 第 289612 号

责任编辑：李 蕾

世界科普巨匠经典译丛·第六辑

越玩越聪明的萨姆·劳埃德思维游戏 上

(美) 萨姆·劳埃德 著 刘丙海 编译

上海科学普及出版社出版发行

（上海中山北路 832 号 邮编 200070）

http://www.pspsh.com

各地新华书店经销 三河市金泰源印务有限公司印刷

开本 787×1092 1/12 印张 16.5 字数 198 000

2015 年 1 月第 1 版 2021 年 11 月第 2 次印刷

ISBN 978-7-5427-5962-7 定价：36.80 元

本书如有缺页、错装或坏损等严重质量问题
请向出版社联系调换

目录 CONTENTS

第一章 代数谜题 001

- 001 怎样正好敲击50点 002
- 002 投票难题 002
- 003 笨拙的三个小孩 .. 003
- 004 擦掉的数字（一）.. 004
- 005 擦掉的数字（二）.. 004
- 006 神的旨意 005
- 007 马戏团里的所见所闻 005
- 008 巧数金砖 006
- 009 等式的知识 007
- 010 打靶谜题 007
- 011 修建羊圈 008
- 012 加法与乘法 008
- 013 概率问题 009
- 014 卖报纸的孩子 009
- 015 趣味小麦谜题 010
- 016 球场上的获胜妙招 ...011
- 017 八进制计数 012
- 018 河内塔问题 013
- 019 邮局趣事 014
- 020 排列数字 015
- 021 旅游节的难题 015
- 022 贩卖者的对话 016
- 023 喝啤酒比赛 016
- 024 动物的贩卖问题 017
- 025 配电盘问题 018
- 026 弹子游戏 018
- 027 小鸡和牲畜的交换 ...019
- 028 草地网球谜题 020
- 029 有效选举 021
- 030 东方古老的游戏 021
- 031 有趣的跷跷板 022
- 032 缪斯与美惠女神 023

第二章　分配谜题　025

- 033 对战利品的分配....026
- 034 分配财产（一）....026
- 035 分配财产（二）....027
- 036 按遗嘱分配....028
- 037 巧放果酱....029
- 038 划分西瓜....030
- 039 茶叶的混合问题....030
- 040 合伙买绳....031
- 041 台球问题....032
- 042 花生谜题....032
- 043 数字游戏....033
- 044 硬币的分配....034
- 045 分羊问题....034
- 046 分赃不均....035
- 047 四对兄妹分苹果....036

第三章　金钱谜题　037

- 048 清仓甩卖....038
- 049 商人的利润....038
- 050 赌马高手....039
- 051 赛马场上的趣味谜题....040
- 052 姐弟购买水果....041
- 053 谜题爱好者之家的建设工作....041
- 054 中国的钱币....042
- 055 成桶的酒....043
- 056 两人"讨薪"....043
- 057 各有多少钱....044
- 058 碟子和杯子....045
- 059 卖鸡蛋....045
- 060 格兰特将军的"小屠夫"....046
- 061 衣物清洗费....047
- 062 项链的烦恼....048
- 063 巧找零钱....048
- 064 分配救济款....049
- 065 消费问题....049
- 066 有关香肠的趣题....050
- 067 果园谜题....051
- 068 贩卖者....052
- 069 地产商的生意经....052
- 070 买糖果....053
- 071 1美分的差距....053
- 072 白酒的利润....054
- 073 奸诈的中间商....055
- 074 鸡蛋的售价....056
- 075 买水果....056
- 076 商品的收购与卖出....057

077 无形的损失 057	099 最大的新星 074
078 股票的利息 058	100 摆鸡蛋的学问 075
079 吉普赛女郎谜题 059	101 比波小姐的羊圈 076
080 租金问题 059	102 海军上将的问题 077
081 年金谜题 060	103 四橡树之争 078
082 买房问题 060	104 "红"黑桃谜题 079
083 贷款买房 061	105 古希腊标志 080
084 小贩谜题 062	106 无穷的链条 081
085 银行业务员的烦心事 062	107 一分为二 081
086 买酒谜题 063	108 姜饼谜题 082
087 分配股份 064	109 执事太太的零布头 083
088 工资谜题 064	110 考眼力 083
089 铁公鸡的悲剧 065	111 波斯地毯 084
090 香肠生意 066	112 优等生简妮的趣题 085
091 艾尼瑟夫人的香蕉 . 067	113 小马谜题 085
092 工作谜题 067	114 分饼谜题 086
093 奶牛的买卖 068	115 黑人太太拼被单 087
094 田地的面积 069	116 通往数学的捷径 088
095 有趣的吆喝 070	117 柯尼斯堡的八桥问题 ... 088
	118 日本水雷阵 089
第四章 拓扑变换谜题 071	119 司令的部署 090
096 选择位置 072	120 来自中国的智力趣题 ... 091
097 军旗变换 073	121 战舰排列问题 091
098 拼个桌面 074	122 巧摆杯子 092

| 123 挣脱锁链的后果……092
| 124 猴子爬窗……………093
| 125 缺角的方阵…………094
| 126 棋盘中的星星………094
| 127 穿越基地……………095
| 128 逃生的野猪…………096
| 129 巧修道路……………096
| 130 巡警的路线…………096
| 131 变队伍的野鸭子……097
| 132 织棉被的问题………098
| 133 最佳路线……………099
| 134 果树问题……………099
| 135 白菜地问题…………100
| 136 给"鸡蛋"排队……101
| 137 青蛙谜题……………102
| 138 普利姆索尔
　　 标记谜题……………102
| 139 托米的泰国
　　 国王谜题……………103
| 140 建筑师谜题…………104

第五章　图形变换谜题　105

| 141 月牙和十字架………106
| 142 各不相同的
　　 棋盘碎片……………106
| 143 马赛克拼图…………107
| 144 毕达哥拉斯的
　　 经典问题……………109
| 145 小丑杰克……………110
| 146 新月如钩…………… 111
| 147 复原环形蛇…………112
| 148 谜题王国的三角旗…113
| 149 狗头姜饼……………113
| 150 老锯新齿……………114
| 151 红十字女孩…………115
| 152 切割象棋盘…………116
| 153 美国国旗问题………116
| 154 外套做的棋盘………118
| 155 希腊十字架…………118
| 156 中国枷之谜…………119
| 157 鸡变"蛋"…………120
| 158 堂·吉诃德的风车..120
| 159 大象拼图……………121
| 160 无言的亚克力………122
| 161 铁十字勋章在古罗
　　 马的起源……………123
| 162 十字架的分割组合…124
| 163 巧剪五角星…………124

164 巧拼菱形 125

165 有趣的轿子 125

166 巧锯桌面 126

167 队伍的排列问题 126

168 小丑演员的把戏 127

169 边边角角的问题 127

170 拼凑圆形谜题 128

171 鹅的故事 128

172 古埃及的谜题 129

173 分割木料 129

174 分割马蹄铁 130

第六章 重量、体积、面积和线段谜题 131

175 天平的平衡原理 132

176 抬驴谜题 132

177 猫有多重 133

178 钓鱼者的体重 133

179 婴儿的体重问题 134

180 称体重的妙法 134

181 砖头的质量 135

182 纸箱重量 136

183 奇妙的称量方法 136

184 感恩节的买卖 137

185 嘉利小姐的体重 138

186 羽毛与黄金 138

187 阿基米德和皇冠 139

188 钻石与红宝石 140

189 古格尔黑姆的火鸡 ...141

190 与荷花相关的题目 ...142

191 环带状田地的宽度 ...143

192 足球的大小 144

193 与月球相关的谜题 ...145

194 丹麦国旗的谜题 146

195 石磨的面积 146

196 三角形的地段 147

197 无偿圈占土地 148

198 林肯"圈地" 149

199 湖的面积 149

200 铺餐巾的妙计 150

201 节俭的工匠 151

202 混合茶叶问题 151

203 柏拉图方块 152

204 邮递箱子 153

205 混合奶问题 154

206 送奶工的问题 155

207 狡猾的送奶工 156

208 酒商酿酒 157

209 打铁匠.................158
210 市场督察的困扰......158
211 卖牛奶老人的困惑..159

212 巧用容器.................160

参考答案...................161

第一章
代数谜题

怎样正好敲击50点

我和朋友有一天正在对一部电影的花絮进行观赏,此时出现了一个游戏片段,并且解释说这是世界上最公平的游戏。游戏是这样进行的,你要对身上贴着数字的小人偶进行敲击。敲击的次数随你,站立的远近随你,规则很是宽松。假如敲击出的小人偶们身上的数总和是50,就表示你胜利了,奖品就是一支价值0.25美元的纯正的金边马吉克莱雪茄。其实,我们口袋里的钞票根本坚持不到胜利就已经没有了,只需细心观察就会发现,没有几个人可以抽上马吉克莱雪茄。看摊的人毫不忌讳地告诉我们,人们没有取得胜利完全是因为自己的偏见。想一想有几个人坦坦荡荡的没有种族间的偏见呢?他们因此根本不能取得胜利。

怎样敲击才可以赢得一支金边马吉克莱雪茄,你是否可以告诉我呢?

投票难题

主席正在等待着有关某项决议的投票结果。混乱的场面大概持续了十分钟,投票结果被秘书提交上来,秘书报告说:"尊敬的阁下,赞成的人数和不赞成的人数

相比多出了 $\frac{1}{3}$，可是其中有 11 人原本是投了反对票却被误以为是投了赞成票，这是由于缺少椅子造成的。所以，决议因为 1 票之差没有获得通过。"

听完汇报的主席，虽说十分的遗憾，可是不得不照章行事。经过上面的描述，不知大家是否可以计算出参加投票的到底有多少人？

003 笨拙的三个小孩

有三个笨拙的小孩生活在一个古老的小村庄里。三个人在一次数学课上被老师叫上了讲台回答问题。他们三个人身上分别被老师贴上了 6、1、3 三个数字，之后被问到，"如何排列 6、1、3 这三个数字才能确保被 7 整除呢？"三个笨拙的小孩一个抓耳、一个挠腮、另一个傻傻的发愣，没有一个能回答上来。老师急得都想把正确的答案告诉他们，可是他们三个就是不知道。

正确的答案到底是什么，你们知道吗？笨拙的小孩说不上来，你可以回答出来吗？

擦掉的数字（一）

```
          · 5 ·
    ···9)6·8····
        · · · 2
        · 9 · ·
        · · · 4
        · · · 4
        · · · ·
              0
```

如图所示，这是一个残缺的数字计算竖式，你可以把被擦掉的数字恢复完整吗？

擦掉的数字（二）

针对数字的计算这一点，中国人十分老练，即便是运用落后的计算方式，然而他们的口算比较完善。他们做乘法运用的是除法，做加法运用的是减法。针对一些怪异的命题，他们总可以通过一些只可意会不可言传或者是无法解释的方法进行解答。

对于怎样进行加法运算，一个中国教授给了我几个例子，从0～9十个数字被他分成几排，随后相加。当我们把算式和结果的几个数字擦掉后，他仍然可以补充完整。

题目很简单，但是真的十分有趣。读者朋友们可以自己试一试。

神的旨意

希腊人无论是对战争还是奶牛贸易都要得到神的旨意才可以，否则他们是不会做的，这完全是由于他们对神无选择的崇拜造成的。

对用一头羊羔来交换一头山羊的买卖，图中的夫妇两人正在询问伟大的朱庇特神。神谕把夫妻两人引到一面镜子前面，告诉他们说：

"羊的数量是会增长的，除非是到了绵羊和山羊两者数量的乘积与两者的和相等的时候。"对于神谕不是十分清晰的言辞，夫妻两人似乎是完全明白了。

对于夫妻两人拥有的绵羊和山羊数量，你是否可以告诉大家呢？

马戏团里的所见所闻

在这张图画里画有很多奇怪的人，这里包含一个十分有意思的谜题，不是太复杂。利用归纳法可以弄清楚物体的个数，这就是图画要告诉我们的，代数计算和数数等都是用不上的。

哈里为了弄清楚自己是否值得花费 25 美分来观看这个马戏团的表演，特地向门卫问了一些问题。比如什么马、骑手及其他动物的数量……

这让门卫十分为难，因为和外面的广告词比起来，里面的动物真的是太少了。可是还不能直说，他给哈里的回答是，"马儿和骑手所有的腿加起来有 100 条，头有 36 个；另外再加上一些珍稀动物，这些是非洲来的。一共有头 56 个，有腿 156 条。"

我们对谜题的兴趣应当是远远大于对马戏表演的兴趣。对于模糊的图画，谁能告诉我一共有多少匹马和多少个骑手，一共有多少只珍稀动物？

008 巧数金砖

有的时候，我们很容易被实物的表面现象所迷惑，比如说买金砖吧，人们就非常容易上当受骗。有一回，我们在旅行住宿时碰到了一个贩卖金砖的商人，大致如图所示。这块金砖的厚为 1 厘米，长和宽均为 24 厘米，长和宽都可以分成 24 小段，这样一来实体的金砖就会被里面无形的虚线割成 24×24=576 块小正方体。如果我们想把这些小金砖全部买下的话，应该注意哪些方面呢？大家仔细观察一下图中这条斜线 AB，顺着这条斜线剪断后，使右边部分沿斜线向左上移动，让顶点 B 移至左下方部分的左边线的延长线上，点 B 下方缺失的地方就用点 A 处的小三角形来弥补，拼成一个矩形，然后我们再来计算小方块的个数，看是不是变成了 23×25=575 个，或者是没有任何变化呢？

等式的知识

有个最基本的代数理论存在图中。

在重量上看:

一个水壶 = 一个杯子 + 一个瓶子

一个瓶子 = 一个杯子 + 一个盘子

3 个盘子 = 2 个水壶

由此看出,一个盘子 = $\frac{2}{3}$ 个水壶

请回答,在第四个天平的右侧应当放上多少个杯子才能与天平左侧的一个瓶子的重量持平?

打靶谜题

我是一个参加过很多次射击比赛的射击爱好者,可是我不是专业的选手。在观看完最近法国队和美国队的比赛后,我感到很好笑。美国队的实力再一次得到了证实,他们最终以 4889 环比 4821 环的成绩赢得了比赛胜利。

两个队伍在海上举行的比赛十分的激烈,在通报比赛结果时还要动用电报,比赛因此精彩了许多。有好多的小问题出现在比赛中,下面就是其中的一个:

一个选手把 6 发子弹打入了 3 个弹孔里,最后取得了 96 环的成绩。如图,靶子上的环数标线。问题是,他打出的环数是多少?

011 修建羊圈

有一个帮别人设计和修建羊圈的工匠,他在一次施工时发现,建一个长方形的羊圈会比建一个正方形的羊圈多用两根木桩。同时他还表示:"羊的数目是固定的,这与羊圈的形状无关,但是,如果羊圈修成正方形的,恰好可以让所有的羊都拴在自己独立的木桩上。"如此一来,你知道这户人家一共养了多少只羊吗?

012 加法与乘法

大家对 2+2=4 和 2×2=4 并不陌生吧。那么,如果换成 $A+B=Y$ 和 $A×B=Y$,除了"2"以外,这其中的 A 和 B 还可以是哪两个数字呢?

这道题并不复杂,答案也不止一组,可以把 2.618 034 和 1.618 034 代入等式计算一下。大家也快来开动脑筋吧。

013 概率问题

在这道题中,涉及到了简单的几率计算。看上面这幅图,中间有6个格子,格子里的数字就是用来下注和收取相应回报的。不一会儿,操作者会将三个骰子扔出,如果所选与结果相符,玩家在收回本金的同时,成倍的利润也是非常可观的。举个例子来说吧,玩家下注,他押5点赌资为1美元,扔出的骰子若5点的有两个,这位玩家可以收回本金,再赢得2美元的报酬;假如三个骰子全部都是5点,他在收回本金的同时赢得的报酬会增至3美元。那么,你知道这种赌押输赢的概率各占多少吗?

014 卖报纸的孩子

在大街上,有五个卖报纸的孩子。报纸总数的 $\frac{1}{4}$ 被替米·史蒂芬卖掉了。在余下的报纸中,皮尔·乔卖出了比 $\frac{1}{4}$ 再多1份的报纸。前两个人卖出之后,报纸还有剩余。比剩余报纸的 $\frac{1}{4}$ 再多1份就是劲特·史蒂芬的销售量。前三个人剩余报

纸的$\frac{1}{4}$再多一份又被凯利·乔卖掉了。截止到此,史蒂芬家和乔家均有两个孩子在卖报纸,可他们两个家族的销售量却有100份的差距,其中史蒂芬家卖的更多些。

但是,乔家还有一个孩子捷马·乔,在这些人中他年龄最小,余下的所有报纸就是他卖完的。你知道哪个家族的孩子们卖的报纸更多些吗?要多多少份?

 趣味小麦谜题

据说,国际象棋起源于印度,这一点在《百科全书》上也有记载。当时的印度国王对这个发明很感兴趣,于是,便承诺帮发明人实现一个愿望。发明人说:"请为我提供一些小麦,这有一个64格的棋盘,请将1粒小麦放入第一个格子,将2粒小麦放入第二个格子,将4粒小麦放入第三个格子,将8粒小麦放入第四个格子,……,以此类推,上一个格子里小麦粒数的2倍,就

是下一个格子即将放入的小麦粒数,直到格子里全部装满小麦。"国王被这个看似简单的要求吓了一跳。

为了履行自己的承诺,国王命令计数员和他一起到物资支出部门清算。不一会儿,他们就发现形势不妙,这笔支出简直是太大了,就算把全世界的小麦都收集起来还债,100年的时间也不能结清账目。发明人对此很感兴趣,还说地球上的所有小麦都是他的。那么,国王究竟要为自己的承诺付出多少小麦呢?

016 球场上的获胜妙招

打高尔夫球已经成为现代人必不可少的休闲项目。就连那些躺在藤椅上的观众们,也来到了球场,体验着运动带给他们的快乐。

我结识了一位打高尔夫球的常胜将军,攀谈之后才知道,他的胜出凭借的不单纯是技巧,还有更为精准的计算。他告诉我:"掌握好两种击球的距离,就能把球直接击向球洞。"在球场里,分布着距离为150码、300码、250码、275码、325码、350码、225码、400码、425码的9个球洞,如果你每一次的用力,球都能飞得足够远,同时允许你在球洞的其他方位将球回击,如此一来,我们怎样才能用最少的杆数将球击入洞中?(注:1码为0.9144米)

017 八进制计数

通常来讲,我们遇到的一般问题采用普通的方法就能解决,若采用另类的处理手段,解决起来则会困难重重。有一道常见的加法运算:7+20+100=127,人们通常理解为1个7与1个20再与1个100相加之和,得到了127这个结果。

若每一位相加超过9则向左进一位,并且所有的人对这样的分析和结果都深信不疑。

从远古时代用数手指计数开始,人们对十进制一直广泛应用。可是,如果人类在进化过程中没有长出比猿猴多的那两根手指,那我们的延续下来的也许就是八进制。而从数学的推理论证来看,七进制可能会更便于计算。就拿66来说吧,可以用七进制解释成6个7与6个1之和,再与1个1相加就会得到100,等于10进制的49。6与1相加的所得为7,因此它的左边就出现了一个1,而它本身相应的位置上为0,这个数也是十进制的49。以此类推,222可以说成2个1、2个7再与2个49相加的和,与十进制的114相符。

假如八进制流行于进化前的类人猿时代,8对于他们来说就是最大的数值了,9和10是根本就想不到的。那么,当时的他们对于1902这个年份的记录是怎样表达的呢?这个问题的解答,会让我们对计数原理有一个更为深入的理解。

河内塔问题

贝拿勒斯位于印度北部，此地曾经被誉为世界中心。这里有三根高度为 50.8 厘米像韭菜叶般粗细的宝石针，它们都固定在一块黄铜板上面。有 64 个自上而下按顺序增大的金盘串在其中的一根宝石针上，最下面的那个金盘就放在铜板上面。其实，这就是著名的河内塔。寺里要求僧人每天都要把金盘从原来的位置挪到另一根宝石针上，但是每天只能有一次挪动，每次都要将金盘置于略大于它的盘内。时光飞逝，僧人们一天都没有落下过，据说，当另外一颗宝石针上插满 64 个金盘的时候就是世界末日，这里所有的一切都会不复存在。

按照每人每次挪动 1 个金盘计算，一个河内塔要经过（$2^{56}-1$）次挪动才会全部搬完。也就是 18 446 774 073 709 551 615 次，这样的话，就算每秒重复一次上面的挪动，全部搬完也要经过亿万年。我们可经不起那么长时间的考验，于是，我只准备了 13 个盘子，下面我们就思考一下，叠放在一起的这些盘子要经过几步才能全部转移到其他地方？

拿下来的盘子可以分两叠放置，并且每一个盘子必须放在比它大的盘子上方。

019 邮局趣事

我的一个朋友是街区的信件调配员,在一次聊天时,他提到了一件很有意思的事情。前些天,一位女士到邮局来查询信件。

"我的信件到了没有?"

"请告诉我您的全名?"

只见她拿起笔来写道"敬爱的……"

于是,我便说:"可是,我要知道,您叫什么名字?"

"席丽丝"

"是否婚配?"

"你没有必要知道这么多,你如果不把信拿出来,就一定要向我作出一个合理的解释。"

我看到她从口袋里掏出了1美元,然后说道:"我需要一些邮票,面值为1美分的张数是2美分的10倍,余下的就用面值为5美分的邮票来补充。

你知道这位女士用1美元购得的邮票总共有多少张吗?

020 排列数字

如图 1，一个正方形的盒子里放着 15 个阿拉伯数字，由于操作者的粗心，14 和 15 放错了位置，而 1~13 的排列是正确的。

（1）移动图 1 中的数字，让 14 和 15 交换位置，将空方格移至左上角，排列顺序如图 2 所示；

（2）按图 3 的数字方向转动盒子并排列数字；

（3）改变数字的位置，使 10 个不同方向的数字之和为 30。

图 1

图 2

	1	2	3
4	5	6	7
8	9	10	11
12	13	14	15

图 3

4	8	12	
3	7	11	15
2	6	10	14
1	5	9	13

021 旅游节的难题

每年一次的旅游节按时开始了，这天，辖区所有的马车都一窝蜂地跑出来拉客，没有一辆空闲在家里的，当行至离目的地还有一半的

路程时,坏掉了10辆马车,于是,只好将滞留的人们分散到其他马车里,每辆马车恰巧都增加1个人。返回途中又有15辆马车抛锚了,这样,与早晨起出发时相比每辆车增加了3名乘客。那么,你能算出这次参加旅游节的人数是多少吗?

贩卖者的对话

路边,三个牲畜贩子正在交谈,海德告诉杰希:"如果你希望自己的牲畜总数是我全部牲畜数的2倍,那么,请你用1匹马与我的6头猪交换。"渡南则告诉海德:"如果你希望自己的牲畜总数是我的3倍,那么,你就用1匹马与我的14只羊进行交换。"杰希又对渡南讲道:"如果你希望自己的牲畜总数是我的6倍,那么,请你牵来1匹马换走我的4头牛。"听完他们的谈话后,你可以猜出每一个人所拥有的牲畜数量吗?

喝啤酒比赛

不久前,一场小型的喝啤酒比赛在海德尔堡拉开了帷幕。参加比赛的一共有两个小分队,即红方队和绿方队,两队总人数不到24人。队员们相互敬酒,每人都敬了其他人1杯。最后，红方队以多出102杯好成绩战胜绿方队取得了本场比赛的胜利。那么，你能算出这两个队一共喝了多少酒吗？

024 动物的贩卖问题

算盘是中国最古老的计算器。有个闽南小贩，一次性购进了一批狗和鼠，狗的数目恰好与鼠的单只数量相等，1条狗和2只鼠的收购价均为2角。小贩加价10%出售，等到还剩下7只的时候，小贩用算盘统计出他已收回全部的成本了，那么，他总的盈利就是这7只动物全部出售后的收入。

你知道剩余的这些动物中狗和鼠各有多少只吗？将它们全部卖出后的收入是多少？

配电盘问题

旅途中的一点一滴都有可能成为我创作的素材。

这位电工就是我在半路上遇到的,他正在摆弄一根高价的铜线,想要寻找一条最短的路径将线接在他精心制作的配电盘接点上。其实,那是一个有好几百个节点的配电盘,但题目中给出的是一个8×8的示意图,就是这64个接点也完全能够讲明今天的问题。

我们要做的是,找出一条最合适的路径,让铜线从点 B 出发经过64个交叉点后再与点 A 相连,并且要尽可能地节约铜线。已知,这64个边长为1厘米的小方格,紧挨着的两个小方格间交叉点相距3厘米。实际操作时,电线不能顺着小方格的对角线连接,而是要通过在小方格的角上缠绕一圈的方法来改变走向,这样每操作一次电线的长度就会减少2厘米。

假设连接起始点与邻近的交叉点需要的铜线长度为2厘米,那么按要求完成所有的连接最少需要的铜线长度是多少?

弹子游戏

进行打弹子游戏的两个人是吉姆和哈利。两个人的弹子数目在游戏开始的时候是一样的。哈利在第一局后赢得了20颗弹子,可是到最后却输掉了手中弹子

的 $\frac{2}{3}$，于是，在弹子数目上，吉姆的弹子数量成了哈利的 4 倍。

请回答，吉姆和哈利两个人开始各有多少颗弹子？

027 小鸡和牲畜的交换

正在赶集的约翰夫妻两人打算换一些牲畜回家，他们手里拥有的是家禽。1 匹马和 1 头奶牛可以用 85 只小鸡来交换，而 12 头奶牛和 5 匹马的价格相等，这是集市上的普通行情。

妻子对丈夫说："假如我们可以多选中 1 倍的马匹，我们今年冬季的牲畜就可以达到 17 头了。"丈夫有自己不同的看法："在我看来，更能给我们带来盈利的应当是牛，牲畜的数量在增加 1 倍牛的情况下可以达到 19 头，

而这些牲畜的数量刚好满足我们的小鸡交换数量。

对数学知识,这两位农村的夫妻并不了解多少,但是对于自己的小鸡和马匹以及奶牛的交换情况却是十分熟悉的。

对于其中的计算过程,我们的读者朋友们是否了解呢?

草地网球谜题

淘汰制是每年一次的草地网球锦标赛的比赛规则。具体内容是:交战双方败了出局,胜了晋级,最后胜出的要和上届冠军一决胜负。

假如有 16 个人参加比赛,要获得冠军就要连胜 5 场。假如所有人获得冠军的机会相同。

请问这个概率是多少?

有效选举

这个问题并不复杂。有一次选举共收得5219票有效票。在四个候选人中,胜出者比其他三位选手分别高出22、30以及73票。那么,他们各自获得的票数是多少呢?

东方古老的游戏

掷骰子的游戏应当是出于古老的印度。

胜负的标志是看谁投掷出3个骰子的点数之和更接近于7和11,赢得这个游戏的概率有多大?

031 有趣的跷跷板

观察上面这幅图,假如我们把图中的男孩和女孩按性别分成两组,然后让他们再次回到跷跷板的两端,此时若想让跷跷板平衡,坐着女孩的那一端还要增加几个人?

这就是代数的基本原理在实际中的应用,在等式的两边同时加上(或减去)同一个数,等式依旧成立。

要想快速、准确地解决这一问题,我们最好选择消除法。我们对着上图数一下,左面是3个女孩加上5个男孩,右面的女孩是6个,男孩则比左面少了2个。现在我们让跷跷板两端离开3个男孩和3个女孩,这样一来,跷跷板的左面是2个男孩,右面则是3个女孩。我们不难发现,2个男孩的重量与3个女孩的重量是完全相同的。

假设,这会儿有8个男孩坐在了跷跷板的一端,要想让跷跷板保持平衡的话,另一端需要坐多少个女孩?

缪斯与美惠女神

有个故事讲的是缪斯和美惠女神对鲜花和苹果进行分配。

虽说针对宙斯这些持有玫瑰花和金苹果的女儿们进行歌颂的故事，在荷马流传了几个世纪之久了，可是其数学特征却是欧基里得和阿基米德为其注入的。

假如故事被我们用希腊文说出来，读者的印象会更加深刻，但是，这真的不是件容易的事儿。我们下面的译文是根据一个残缺的希腊原文翻译出来的，风格大体和原文一致，和普通趣味谜题书上的描述相比较，它的独特之处还是蛮多的。

在奥林匹克山的仙家园林里，三位美惠女神正在散步，被她们采摘的蓝色、白色、大红色、粉红色……的花朵香气撩人。在此期间，她们先后和9位缪斯相遇了。女神和缪斯们互赠了玫瑰花和金苹果。问题是，倘若女神们拿到了相等数量的花果，那么准确的数量是多少？

为了便于大家理解，我们可以假定女神玫瑰花的颜色只有 4 种。她们在和 9 位拿着金苹果的缪斯女神相遇后互赠了一些花朵和一些金苹果。在交换完成后所有女神手里的鲜花和金苹果数量刚好相等，并且每个人手里金苹果的数量和玫瑰花的数量是一样的，还有就是四种玫瑰花的颜色也是一样多的。

请回答，金苹果和玫瑰花的最少数量是多少？

第二章
分配谜题

对战利品的分配

这个有趣的谜题是和年龄有关的，故事讲的是三个正在对战利品进行分配的小女孩，她们打算依照习惯，分配栗子时以年龄为基准。哪怕是对数学十分精通的人，在看了谜题后，同样会觉得不好分配。可是这个谜题根本没有难倒这些小女孩。她们只管依照年龄进行分配，根本就不管捡到的栗子多少。尼丽在玛丽拿到4个后就会拿到3个，苏西在玛丽拿到6个后就会拿到7个。结果谜题就这样在三个小女孩稚嫩的手里解决了。

最后，我们得出770个是她们捡到的总数，那么根据她们的年龄，她们各分到多少个？

分配财产（一）

艾素格斯特的夫人怀孕了，即将老来得子的艾素格斯特兴奋极了，于是他决定，孩子生下来如果是个男婴的话，他将来会赠给儿子自己全部资产的 $\frac{2}{3}$，而他的夫人会得到剩下的 $\frac{1}{3}$；假如生的是个女婴呢，就赠予女儿 $\frac{1}{3}$ 的资产，另外 $\frac{2}{3}$ 留给夫人。在后期的检查中证实艾素格斯特夫人怀的是龙凤双胎，也就是说，是一个男婴和一个女婴。艾素格斯特犯愁了，他的资产将如何分配呢？

035 分配财产（二）

这是一位年近古稀的老人，他在美国西部拥有一个颇具规模的牧场。趁自己头脑还算清醒，这位老人打算把那些牲畜分给儿子们。

于是，他通知所有儿子来参加一次重要的家庭会议。"伊赫，请你根据自己的饲养能力，决定要领取的奶牛数量，"老人对自己的大儿子说道："我会将奶牛剩余数量的$\frac{1}{9}$赠给大儿媳艾西。"接着他又告诉自己的二儿子赛盟："由于伊赫的选择，我不但会分给你相同数量的奶牛，而且还会额外增加1头，奶牛剩余数量的$\frac{1}{9}$我会分给二儿媳。"接下来他又对自己

的三儿子说了同样的话，三儿子会得到比他二哥多 1 头的奶牛数量，而余下奶牛的 $\frac{1}{9}$ 会分给三儿媳。这句话对另外几个儿子也同样适用，他们得到的奶牛数量会在自己相邻哥哥的奶牛总数的基础上再增加 1 头，与他们相对应的儿媳妇会得到奶牛剩余数量的 $\frac{1}{9}$。就这样，当分到小儿子家的时候，剩余的奶牛只够小儿子应得的数量，而小儿媳无法领到奶牛。此时，这位老人家却说："我这里还有 7 匹马，1 匹马的价值是一头牛的 2 倍，当分完这些马匹后，我希望每一家都得到总价值相等的牲畜。"

你能算出这位老人家一共有几个儿子吗？牧场里究竟饲养着多少头奶牛？

036 按遗嘱分配

（图中的九个人从左向右依次为：皮特、麦莉、图馋、尹力塔、海克、素萨、纳泰、赛罗、吉非）以走私货物和贩卖奴隶为生的亨瑞·密达斯船长，于 1803 年在格洛斯特撒手人寰。他留下了一份遗嘱，他的孙子以及孙子的父母；外孙以及外孙的父母；前任夫人的儿子，以及此人的太太和孩子，三户共九人，共同分配他的毕生积蓄。

遗产的分配原则为：每位太太得到的钱数要比自己的丈夫少，并且要多于孩子的所得。同时,每位太太的所得与其丈夫相差的金额正好等于太太与其孩子相差的金额。

这九个继承人都拿到了属于自己的那个纸袋子,袋子里是一些信封,信封的个数正好是每个信封里装有的钱数。这些钱的面值均为 1 美元的纸币。船长在遗嘱里还有这样的记述:"图馊与皮特得到的遗产加在一起,也是麦莉与赛罗得到的数目之和,如果海克得到的钱数在增加 299 美元,就正好与纳泰、皮特、麦莉三个人得到的总钱数一样多。"

这九个人的年龄在图上根本就分辨不出来,因此,大家能否根据这份遗嘱的内容来判定他们各自的姓氏以及每个人得到的遗产数额。

巧放果酱

赫伯特太太有一个分为上、中、下三层的储物柜,这是她储存黑莓酱用的。通常赫伯特太太会把黑莓酱装入总共 25 个三种不同容量的桶内,通过配比后再分别放进柜子里,这样一来,柜子每层所放的果酱总量均为 20 升。那么,赫伯特太太究竟是如何配比的呢?

划分西瓜

弗兰克和萨米购买了一个西瓜,花费了 48 美分,其中的 30 美分是弗兰克付出的,18 美分是萨米付出的。在对西瓜进行分配时,他们还要按照这个比例。

就在这个时候,在此处路过的比利用西瓜的全价买走了整个西瓜的 $\frac{1}{3}$。

随后两个人把剩下的西瓜平分了,但是对于比利刚刚支付的钱,两个人应当怎样进行分配?

茶叶的混合问题

针对计算问题,中国人是相当有感觉的,在重量、尺寸以及数字方面,每个中国商人都十分精明。

这是一个茶叶店的小老板在出售一种混合茶叶时出现的题目,把两种单价分别为 5 角/千克和千克/公斤的茶叶，之后出售，在售价为 6 角/千克的情况下，他们出售了 40 千克，获取的利润是其成本 $\frac{1}{3}$。

请回答 40 千克混合茶叶里两种茶叶的混合比例是多少？

040 合伙买绳

赫耿夫人和澳倪厄夫人是一对极其要好的朋友。那天，他们俩合伙购置了一条用来晾衣服的绳子，购买这段绳子的大部分费用都是由赫耿夫人支付的。因此，她得到的绳子会长一些，已知绳子全长 36 米，两段绳子之比为 5∶7，你知道较长的那段绳子是多少米吗？

041 台球问题

奥法波曼教授是一个台球迷。一天，他又和朋友展开了比赛。每局为100分，奥法波曼先作出了20分的让步，然后才和对手布洛门斯汀比拼输赢。不久谷克里希木也加入到了比赛中，还是100分一局，这次三个人一起玩，布洛门斯汀对谷克里希木作出了20分的让步，当然，奥法波曼教授也会让出一定的分数。

可以概括为，每局100分的台球赛中，A对B作出了20分的让步，B对C作出了20分的让步，如果此次比赛改为每局200分的话，A能对C作出多少分的让步？

042 花生谜题

玛丽夫人要把一些花生分给孩子们，最大是个男孩，他分到了一颗花生和其余的$\frac{1}{4}$。大女儿分到了剩下部分中的1颗和其余的$\frac{1}{4}$。第三个男孩和第四个女孩得到的花生数量，分配方式同上。最终，两个男孩分到的花生数量比两个女孩多 100 颗。

请问，玛丽夫人最后剩余的花生的数量是多少？

043 数字游戏

这里有八个小圆点，还有 0、9、8、7、6、5 和 4 这七个数字，把它们组合成几个相加之和约等于 82 的数。小圆点可以是循环符号也可以是小数点。

硬币的分配

在工作了一天后,三个男孩拿到了7个硬币的报酬,一共是3.9美元。可是,对于平分这些硬币的方式问题,他们还得请教别人的帮助。一个男子正在栅栏上面十分悠闲的坐着,看似没什么事情做。三个小家伙就走了过去。

男子听完小家伙们的问题,拿出一个硬币放入了自己的口袋,随后说:"剩下的6个硬币你们就可以平均分配了,至于我口袋里的那个就当做是我的报酬好了。"

七个硬币的面值分别是多少?他们应当如何分配?

注:当时美元硬币的面值有五种,分别是5分、10分、25分、50分和3美元。

分羊问题

波比小姐总共有7只绵羊,她把它们都圈在一块,因此经常数不对只数。不久前还不小心弄丢了一只。后来通过不懈努力,在距离她家很近的草地上,波比小姐发现了丢失的绵羊。为了防止绵羊再次弄丢，波比小姐计划用仅有的三块木栏把一个羊圈隔成许多的部分，这样便于自己管理。

仅用三块木栏分割 7 只绵羊，如图所示，保证一个小羊圈里仅有一只羊，该怎么做呢？朋友们来帮波比小姐解决这个难题吧。

分赃不均

有一位男士，他有一个很大的私家酒库。那日，他发现库里存放的 2 打（12 瓶为 1 打）香槟不见了，其中 1 打为每瓶 2 升，另 1 打每瓶 1 升。假如盗酒者能够熟练掌握减法的计算，这些香槟此刻已经在他们的酒桌上了。

这些酒太重了，贼人搬得十分吃力，于是，他们在每打香槟中各抽出 5 瓶，一起偷着喝掉了，为了不引起别人的注意，空酒瓶也被他们捎了回来。等到了目的地，他们为分配这些赃物犯了难，其中，2升和1升的香槟各有7瓶，2升和1升的空酒瓶各有5个。如果具备一定的常识并且认真思考的话，根本不用开启香槟和摔碎瓶子，就能合理分配这些东西。然而，他们没有这样做，而是在不断地争吵中引来了破门而入的警察。接下来发生的事情就与我们的题目无关了，通过这个事件，我们发现，不管是什么行业，具备良好的运算能力都是非常必要的。最后，我的问题是，一共有几个人来行窃？这些酒他们该如何分配？

四对兄妹分苹果

为了对32个苹果进行分配，8个小伙伴决定使用下面的方式。安、玛丽、简、凯特分到的苹果数量分别是1个、2个、3个、4个。史密斯分到了和妹妹同样多的苹果，布朗分到的数量是妹妹的2倍，琼斯分到的数量是妹妹的3倍，鲁滨逊分到的是妹妹的4倍。

那么四对兄妹分别是谁和谁？

第三章

金钱谜题

清仓甩卖

对于所有的服装行业来说，如何处理库存是十分难办的事情，太便宜了赔本，不处理造成大量的资金积压，所以，这步棋是大家都想避免的。可是假如经营上会因为这些积压品而蒙受巨大的损失，那么经营者在前思后想之后也会痛心甩卖。

服装店的经营者们处理库存是不计成本的，对于他们的每一次降价，只要大家细心观察，就会发现其中是有规律的。

20美元是衣服原来价格，8美元是首次降价后的，3.2美元是再次降价后的，而1.28美元就是最后的。以此幅度降价，再次降价就是成本价了。

对于成本价到底是多少，脑筋快的朋友们是否可以计算出来呢？

商人的利润

针对同一辆自行车，一个商人先后以50美元和40美元的价格出售并买回。不难看出，他有10美元的赢利。随后，这辆自行车又被商人以45美元的价格卖了出去，赢利因此又增加了5美元，15美元就是最后的赢利。

可是，一个员工说："一个人出售了一辆自行车，价格是50美元，他在经历了二次销售后，得到了5美元的赢利。请大家回答，为了赢得这5美元的利润，他是如何操作的？大家看，自行车的购入和售出都是50美元，这属于等价交换，中间不存在什么赚钱和赔钱。可是，他的二次回购价格是40美元，再次售出的价格是45美元，所以最后的赢利是5美元。"

对此，有位会计的评价是："在我看来，他第一次出售的单价是50美元，随后回购的价格是40美元，这里已经出现了10美元的利润。当他再一次的出售这辆自行车，无论单价是多少，都不会影响到第一次的利润，这仅仅是交易，这样看来，他最后的利润就是10美元。"

这个交易十分的简单，小学的智商都可以看出来。可是，给出的答案却是完全不同的三种。大多自行车商人都认同第一种，也就是15美元的利润，5美元是员工的看法。而10美元的利润则是纽约证券交易所的管理人员的看法。

你是怎么看的？

赌马高手

身上带着相等钱数的两个年轻人——杰姆和杰克一同来到了赛马场。他们打算以赌博公司开出的针对单匹马1美元的赔率，把赌注押在最差劲的可希努尔身上。杰姆赌这匹马是第一，而杰克赌它是第二，两个人的赌金不同，赔率也不同，但是两个人总的赌金是开始本金的一半。最后，两个人居然都没有输，结果杰姆身上的钱数就成了杰克身上钱数的 2 倍。

假如他们的赌注必须是整数的美元，那么两个人赢到的钱分别是多少？

赛马场上的趣味谜题

赛马这项运动有着十分悠久的历史。这项运动从古至今一直受到人们的热情吹捧，更是得到了很多富商的资助。好多人根本不了解赛马场上的赔率，居然也把很多的钱投了进去。看一看他们对这些初级问题的回答，我们就可以知道他们对赛马的赔率是多么的无知了。假如，6∶5 是赛马大黄蜂的赔率，7∶3 是苹果派的赔率，那么多少是黄瓜的赔率？

052 姐弟购买水果

在一个集市上，凯迪、哈里和亨利姐弟三人正在闲逛。在一个蔬菜摊位前，姐姐凯迪说："我们只要拿你1便士就可以购买两个苹果给小弟亨利和我自己，而哈里还可以自己购买1个苹果，钱是足够的。"哈里回答说："我不同意，亨利根本就没有办法吃苹果，因为他没有牙，还是我拿你的1便士，我们购买两个橘子，你和我1人1个。"

根据两个人的谈话，你知道他们的钱数分别是多少吗？

053 谜题爱好者之家的建设工作

我此刻寻找的合作伙伴是建设谜题爱好者之家的。在对个人与贸易联盟的比较中，我发现后者比较划算。好比是：

1 100美元就可

以请到裱褙工人和油漆工人；1 700美元就可以请到水管工人和油漆工人；1 100美元就可以请到电工和水管工人；3 300美元就可以请到木工和电工；5 300美元就可以请到泥瓦工和木工；2 500美元就可以请到裱褙工人和泥瓦工人。

要把谜题爱好者之家建设好，我们在各项工作中要花费多少钱？

中国的钱币

在公元的前数千年，中国就出现了钱币。如今的人们面对毫无节制的奢侈浪费而不能自制，这完全是因为人们没有真正理解钱币的本质导致的。伴随着上面刻有日期和银行家名字的金锭不断的交易，繁华的宫殿建立起来了。可是这些代表了国家货币的银两越做越薄，最后在不到3英尺高的空间里就可以摆放2 000个。

除此之外，还有各式各样的铜钱，它们中间的孔有圆形、方形、三角形等。这些被穿在一条线上的铜币就把更高的价值代表了。所以在日常生活中具备一定知识的口算还是非常有必要的。下面就是一个很好的例子：

假如15文的价值用11个圆孔钱代表，16文用11个方孔钱代表，17文用11个三角形孔钱代表，想一想要购买一个价值是11文的小狗，要三种孔的钱分别是多少？

成桶的酒

如图所示,商店里有6桶酒,每桶上面有酒的重量。第一天有两个顾客来买酒,第一个人买了2桶,第二个人买了3桶,已知第二个人买的酒的重量是第一个人的2倍。这样,只剩下一桶酒。请问:剩下的是哪一桶酒?

两人"讨薪"

有三个外乡人被史密斯请来为自己的庄园工作,这个庄园是他刚刚购买的。工头每天工钱是1.1美元,打杂的是1美元,帮工是90美分,三个人的平均工钱是每人每天1美元,这是开始双方商定好的事情。他们订立了303美元的合同,合同期限是303工时,一人一天算一工时。

可是有两个人在第二天就要求缩短工期并且还要把工钱涨上去。根据雇佣委员会的规定,这两个人的要求

并非是没有理由的,史密斯就答应了两个人的请求。建议获得了所有人的满意。三个人在工期结束后都得到了 101 美元的报酬,并且把 101 天的工作量完成的很出色。对于他们的分配方式,你是否清楚呢?

057 各有多少钱

有种非常适合消遣的游戏,那就是玩纸牌,有好多的谜题就是出自纸牌游戏。为了学习"不会输"的诀窍,我在一个午后进了巴克特里亚汽轮上的棋牌室。

输赢如表所示。

局数	男爵	伯爵	我
第一局	赢	赢	输
第二局	赢	输	赢
第三局	输	赢	赢

最后,我们前面的筹码都增加了 1 倍。此刻出现了一个奇怪的现象,三个人都是分别赢两次输一次,筹码数量都是相同,唯独我输了 100 美元。

那么我们三个人的钱数在开始时各是多少?

058 碟子和杯子

这个问题特别有趣，从中我们可以看出女性真不愧是购物行家，通过购买大量的物美价廉的商品，她们的惊喜不断，生活更是其乐无穷。

事情的大概是这样的：在某个周末瓷器店大促销的时候，巴盖恩·亨特夫人购买了一些盘子，花了 1.3 美元。但是在周一，她把这些盘子退回给了商店，价格是正常价，最后换了一些碟子和杯子。

如今盘子、碟子和杯子的价格不相上下，结果，她换到的物品多了 16 件。她换到的碟子数量比杯子多 10 个，因为碟子的价格是 3 美分，比较便宜。

但是，在周末用同样的钱数，她能够购买到多少个杯子，你可以告诉我们吗？

059 卖鸡蛋

这是一道古老的题，看起来有些荒谬，因为里面提到了卖半个鸡蛋，但从理论上来说，这是一道可以解决的题。

一个农妇去集市上卖鸡蛋,第一个顾客买了全部鸡蛋的一半加$\frac{1}{2}$个,第二个顾客买了剩余鸡蛋的一半加$\frac{1}{2}$个,第三个顾客买了一个鸡蛋。这时,农妇的鸡蛋全部卖完了。请问:这个农妇一共带了多少多个鸡蛋去卖?

 格兰特将军的"小屠夫"

格兰特将军的签名在拍卖会上又一次获得了高价,我手里也有一份,因为相信这是格兰特将军绝笔,所以我十分欣喜。

对于格兰特将军的数学天赋,我总是满怀钦佩,我们的谜题就是出于此。

我们可以举例来说明这位将军的数学天赋,对于格兰特进入西点军校的过程,想必大家都非常清楚,永远也不会忘记。"格兰特与数学和马的缘分是说也说不尽的。"这是西点军校数学教授安格奈尔说过的话。

对于马的优劣,格兰特一眼就可看出来。我们故事开始于一件小事,那是在约翰逊·里德骡马市的艾克·里德讲出来的。我手里的格兰特签名就是他账本里的。

那是在将军的最后一任上,他驾车回到韦拉德饭店,没有太认真地对沙德威克上校说,有个屠夫的马车在半路上超过了自己的马车,自己的马被吓得都不敢走路了。他真的想要购买这匹马,不知道人家是否愿意出售。

时间不长这匹马就被找到了,随后就被买了回来。那是一位忠厚的德国人,他不知道是美国的总统要买这匹马,否则一定要把价格提高1倍。

格兰特尤其喜爱浅色的马,他为这匹马取名为"小屠夫",这完全是因为前面的小事引起的。格兰特家族的财富在华尔街一次金融危机后削弱了很多,所以不得不把小屠夫和它的伙伴们送去骡马市拍卖,最后收回了493.68美元。假如可以把马主人的名字告诉大家,价格可以翻一番,但是被格兰特否决了,里德先生对此十分的遗憾。里德最后对将军说:"出售'小屠夫'你的利润是12%,还有一匹马使你亏了10%,最后你还是有2%的赢利。"请回答出这两匹马的买入卖出价格?

061 衣物清洗费

查利和沃力娣是好朋友。一天,他们把积攒的30件脏夹克和衬衣一起送到了清洁中心。不久之后,沃力娣把清洗好的部分衣服取了回来。经过清点,洗干净的夹克是送洗夹克总数的 $\frac{1}{2}$,而衬衣则占送洗衬衣总量的 $\frac{1}{3}$,他还为取回的这部分衣服支付了27美分的洗涤费。我们现在假设清洗4件夹克所支付的费用正好可以清洗5件衬衣。

那么，请大家思考一下，要把剩下的衣物取回，查利还要付给清洁中心多少钱呢？

 项链的烦恼

图中的这位太太需要一条100个环的项链，因此她购买了12条上面画的这种锁链。首饰贩卖者开出的价格是：每支付15美分就能打开并接好一个小环，而打开一个大环则为20美分。如果我们按要求接好这条项链的话，总共需要支付多少钱呢？

 巧找零钱

花卉园里有一束售价为34美分的鲜花，一位漂亮的小姐打算把它买下来，付钱时这位小姐发现自己除了那张1美元的纸币外，只剩下一张3美分和一张2美分的零票了，此时卖家仅有的2枚硬币根本达不到找给这位小姐的金额。就在此时，一个卖报的小孩走进了花卉园，他手中钱币的面值为：10美分、5美分、2美分、1美分，其中面值为10美分的钞票共有2张。最后，正是这个聪

明的小男孩把钱找对了，三个人都十分满意。你知道这个卖报的小男孩是怎样做到的吗？

分配救济款

这是一位心地善良的女人，她每周都要拿出一部分钱作为慈善金发放给那些需要帮助的人们。据她介绍，若想使每人领的钱数再增加 2 美元，只需要减少 5 个人就可以了。因此每位来领善款的人都期望着，来的人越少越好。很快到了下一周，来领钱的队伍在原来的基础上又添了 4 个新成员，于是，他们每人领到了比原来钱数少 1 美元的慈善金。现在的问题是：你知道上一周他们每人领到的慈善金是多少美元吗？

消费问题

司妮士对我讲述了这样一件事情，她说现在自己口袋里的钱数是 B 美元 A 美分。这是 30 分钟前自己消费了一半之后的余款。原本口袋里装了 B 美元 $2A$ 美分。你知道 30 分钟前司妮士消费的钱数是多少吗？

有关香肠的趣题

这是一个与经济问题有关的题目，是我从一位德国人口中听说的。赫尔雷曼有三个儿子，在一次赶往学校的路上，他们迷失了方向。快到中午了，这三个人还在兔岛区周围努力寻找着学校的方位。他们手中的食物已经不多了，托提还有 7 根法兰克福香肠，哈奇只剩下 4 根了，杰米则一点吃的也没有了。为了不让自己饿肚子，杰米给了托提和哈奇 11 美分，

用来换取自己的食物。这样一来，三个人的收支就达到了一个平衡的状态。此时，把 11 美分分成两份，和把 11 根香肠分成三份，对于经商多年的人来说都不是一件容易的事，更何况是三个学生。你知道这 11 美分托提和哈奇是如何分配的吗？假如你的回答是正确的，那么，法兰克福香肠的价格也随之浮出水面了。

067 果园谜题

大约半个世纪之前，伦敦流传着一个"果园谜题"，以至于英国的数学研究者们也对这道题束手无策。

"果园谜题"的基本内容是，史提芬和琼斯两位女士是市场的苹果摊主，平时她们都是各卖各的。有一天，史提芬有急事要离开，因此，她只好请求琼斯帮忙卖掉自己摊上的那些苹果。今天两个人准备售出的苹果个数是相同的，只是史提芬的苹果要小一些，3 个可以卖 1 美分，而琼斯的苹果要略大一些，只需 2 个就可以卖到这个价钱。当琼斯答应了史提芬的请求后，为了公平起见，就把所有的苹果混在一起，售价为 2 美分 5 个。

一天后，史提芬赶回了市场，此时苹果早已售光，然而，令人遗憾的是，她们清点钱款时却发现还差 7 美分才能达到预计的总收入。这就是那个让众多数学研究者们困惑了很久的问题。

如果她们把卖掉苹果后的总钱数平均分配的话，琼斯少收入多少钱呢？

068 贩卖者

这是一位极其聪明的投资者,他讲道:"我尝试的第一笔投资就是贩卖油和醋。而油要比醋贵 1 倍的价钱,第一位购买者需要 14 美元的油和 14 美元的醋,最后还有一桶没卖完。"那么,剩下的这一桶的售价是多少呢?

069 地产商的生意经

有一个精明能干的地产投资人,他购买了一块价值为 243 美元的地皮。他把这块地皮进行分割后,以 18 美元 1 小块的价格重新出售。这个消息不胫而走,这块土地最初的售卖者以每小块 18 美元的价格全部收回了。6 小块土地的买入价格总和,就是这位地产投资人赚得的利润。

那么,这块地皮究竟被割为多少小块呢?

070 买糖果

一天,汤姆、维廉、麦捷三个人一起去商店买糖果。售货员告诉他们,1美分可以买到4粒口嚼糖或2粒可可糖,而每粒奶糖的价格是4美分。最后,他们买了三种糖果,一共花掉了20美分。请问,这三种糖果各买了多少粒?

071 1美分的差距

母亲拜托小露丝说,请她帮忙去商店买3股丝绵线和4股毛绒线。小露丝爽快地答应了,并接过了母亲递过来的31美分购物款。她很快就到了商店,把所有的钱放在柜台上,然后重复了母亲的交代。但是,有些叛逆的小露丝总希望能和母亲一样买任何东西都可以做主。想到这里,她便对商店掌柜说道:"我把刚才说的话收回来,请给我4股丝绵

线和 3 股毛绒线。"

"孩子,若是这样的话,你还要再给我 1 美分。"商店掌柜说。

"好吧,那我就不改了,照我原来说的拿吧。"露丝说完后,拿着掌柜递给的物品走出了商店。

我的问题是,你能算出丝绵线和毛绒线各自的单价吗?

白酒的利润

年初,一个新的白酒代售点开始营业了,地点就位于汗浦郡的界玖镇。这位经营者带着特批的 12 美元经费和价值 59.5 美元的产品来这里履行一年的销售义务。很快到了年底,已知他全年酒的进货金额是 283.5 美元,售出后得到的总钱数为 285.8 美元。政府还会给他一部分生活津贴,即 5% 的代销费。在左面这幅图中,我们看到经营者与镇管理人员在认真核实账目,还有一些贴着售价签的酒。那么,你知道这一年白酒的销售给汗浦郡带来了多少收入吗?

073 奸诈的中间商

在东方一些国家，钱币的重量、大小根据其面值的不同而各有差异，这也给一些诈骗犯提供了可乘之机。为了便于读者理解，在下面这道题中只涉及到元和分。

我们知道驼绒是制作披肩、围脖和精品毡毯的最好原料。在驼绒的买卖中起到关键作用的就是中间商。等买卖双方交易完成后，中间商各收取2%作为自己的劳务费。然而，他们对这4%的收入并不满足，还总是采用一定的手段来改变货物的重量，卖家出售货物时，每千克驼绒的质量会减少$\frac{1}{16}$，买家在收取货物时，每千克又会增加$\frac{1}{16}$的质量。这种欺诈的行为给中间商带来了25美元的赚利。现在问题出来了，你知道为了购进这批货物中间商支付的钱数吗？

鸡蛋的售价

释名瑟夫人看见斯布力特在商店里买回了一些很小的鸡蛋,便上前询问价格,"这些鸡蛋的售价为12美分,"斯布力特回答道,"但它们简直小得可怜,于是我便要求售货员赠送了2只,这样算来,现在可以比先前少1美分的价钱买回一打(12只)鸡蛋。"那么,你知道斯布力特为多少只鸡蛋支付了12美分吗?虽然这只是一次不起眼的交易,但有谁能一下子就说出正确的答案呢?

买水果

吉姆买了100个不同种类的水果,一共花了5元钱。各种水果的价格是:西瓜5角/个,苹果1角/个,李子0.1角/个。请问:每种水果吉姆各买了多少个?

商品的收购与卖出

一位在商界颇具影响力的成功人士对他的儿子讲道:"我亲爱的儿子,要避免生意的失败,就必须掌握好商品的售价,而并非商品的收购价格。就拿这件高级商务装来说吧,卖出它赚利为10%,假如这件衣服的收购价被我压低了10%,加价20%后再将它出售,此时,我虽然赚的多了些,但买方却节省了0.25美元的开支。"

那么,这件高级商务装最初的售价是多少呢?

无形的损失

我是一个贩马者,但绝不是一个好的生意人。那次,我在德克萨斯州看中了一匹价值26美元的野马,买回后经过一段时间的饲养,有人用60美元又将它买走了。表面看来,我在这次的买卖中获利不少,但仔细计算后发现这居然是一笔亏本生意，$\frac{1}{2}$的收购价与$\frac{1}{4}$的饲养费用之和，就是我在本次交易中亏掉的钱数，你知道亏掉的钱数到底是多少吗？

股票的利息

在最近一次董事会上，乔希向大家介绍说："同事们大家好，根据公司经营状况，我们要用全部股份的 6% 来支付股息，其中支付给 4 000 000 美元的优先股的股息为 7.5%，而支付给普通股的股息只能为 5%。"我们可以根据上面给出的条件计算出普通股的价值吗？

079 吉普赛女郎谜题

有个吉普赛女郎,她的生活从来都没有稳定过,她一直都依靠为别人占卜维持生活。她每次的占卜收入是 25 美分。

"第一周我挣到的钱不足 3 美元,第二周是第一周的 $\frac{1}{3}$,第三周还没有第二周的 $\frac{1}{2}$ 多。"这是她自己说过的话。

请回答,她三周的收入一共是多少?

080 租金问题

琼斯租种了邻居史密斯的一块土地,租金商定为产量的 $\frac{2}{5}$。根据这一规定,琼斯得到的大麦价值是 50 美元,这要比相同数量的小麦

价值高出 18.75 美元。也就是说 80 升小麦的价值只要加上 8 美元就可以和 130 升大麦的价值相等。

可是琼斯想要用小麦来支付租金,那么,史密斯可以收到小麦的数量是多少?

 年金谜题

琼斯有三个女儿,他为她们设置了年金,年金的分配要以年龄为基础。

第一年,年金的 $\frac{1}{2}$ 被最大的女儿拿走了。等到了第六年,玛塔拿到的数量比第一年少 1 美元,菲比比首次少 $\frac{1}{7}$,玛丽拿到是首次的 2 倍。请回答年金的数量是多少?

 买房问题

正在准备购买郊外一栋别墅的史密斯与夫人商量说:"亲爱的,我们可以购买一栋价值 5 000 美元的房子,可是我自己的钱根本不够,你还要拿出自己的 $\frac{3}{4}$,

其余的你可以购买屋后的小溪和小树林。"

妻子反驳说:"不可以,同样是购买这套房子,你只要把自己的 $\frac{2}{3}$ 给我就可以了,至于小溪和小树林,你剩下的钱数也刚好够用。"

- 请问,史密斯夫妇各自有多少钱?小溪和小树林的具体价钱是多少?

贷款买房

一个人因为现金不足,所以贷款购买了一套房产。

1 000 美元是首付,随后每年还要还贷 1 000 美元,共还 5 年。当然其中有房子的费用和利息。合同的利息为 5%。那么,真实的房价是多少?

小贩谜题

彼得因为一个奇怪的老妇人怪异的购物方式把自己的账目弄乱了。

开始,老妇人购买了几副鞋带,随后购买了针线包,其数量

是鞋带数目的 4 倍。最后购买了手帕,其数量是鞋带数目的 8 倍。最后花费是 3.26 美元。她购买到的这些东西的数量刚好是购买它们所用金额零头的美分数量。

对于老妇人购买的手帕数量,你能帮助彼得计算出来吗?

银行业务员的烦心事

很多人都认为银行业务员的工作是千篇一律的,其实他们偶尔也会遇到一些有意思的事情,这样一来就为乏味的工作增添了不少乐趣,相反有些事情也会令人大伤脑筋。

有位业务员曾经给我讲述了这样一件事情,有那么一天,一位看起来非常普通的老人家来到

了银行柜台的前面，掏出了一张 200 美元的支票，递给了这位业务员，然后说道："我需要一些面值为 1 美元和 2 美元的纸币，并且 1 美元纸币的数目是 2 美元纸币的 $\frac{1}{10}$，余下的钱请以面值为 5 美元的纸币来兑换。"现在的问题就是：如果你是这位业务员的话，此时应该怎样解决这一难题？

买酒谜题

马达曼是个仆人，专门为主人买酒，酒商把 5% 的折扣给了马达曼。可是马达曼说如果要让他以后长期在这里买酒，酒商就要拿出总价值的 5% 给他，以此来作为佣金。酒商认为酒的价格已经不能再向下调了，否则就无法拿到 5% 的最低利润了，最后，他不得不在折扣前 882 法郎的基础上提高总价。

为了每个人都拿到 5% 的利润，他们是如何提高总价的？

分配股份

有一家商店是布朗和琼斯两个人共同经营的，就投资额度来说，布朗是琼斯的 1.5 倍，随后鲁滨逊被吸收入了股。鲁滨逊拿出了 2 500 美元，随后这笔钱被布朗和琼斯按比例分配了，结果最后三个所占的股份同样多。

对于鲁滨逊投入的这笔钱，两个人是如何分配的？

工资谜题

面对自己的速记员玛丽，老板十分地高兴，他说道："自从你在这里工作，就一直保持全勤，因此，我决定每年为你的工资提高 100 美元。就以今天开始计算，600 美元是你明年要领到的钱数，700 美元是后年的，之后依次为 800、900、1 000 美元，……"

玛丽高兴极了，回答说："我真的太激动了，老板，这样增加工资在我看来太快了,我觉得应当以600美元为起点,每半年增加25美元,直到你觉得这份工作不再适合我为止。"

面对这样一位和气的雇员,老板欣然地笑了,并且答应了玛丽的请求。

我们试着分析一下,对老板更为有利的是哪一种加薪方式?

089 铁公鸡的悲剧

从前有一个一毛不拔的铁公鸡,他有五个大口袋,口袋里分别放着数目相等的面值为5元、10元和20元的金币。

铁公鸡每天都要摆弄一下这些金币,这使他有一种满足感。他总是把所有的积蓄一股脑儿地倒在方桌上,然后分成面值和数目完全相等的四堆金币。接着他又随意挑选了其中的两堆,重新混合后,又分成面值和数目完全相等的三堆金币。那么,当铁公鸡被饿死时,他至少会存有多少金币呢?

香肠生意

在德国乡村，有这样一个农民，他农闲的时候就贩卖一些香肠，好贴补家用。虽然他知道怎么出售香肠，但却不精于计算。

那日，他又装了满满的一车香肠在附近的村镇叫卖，这个农民为了省事把每根香肠的售价定为1.25美元，并且批发和零售价相等。他不愿意把香肠切开零卖，于是便对顾客说半根香肠的价钱和整根香肠的价钱是相等的，假如顾客同意的话，他当然没有任何意见。我要说的是这些顾客的运算能力也非常差劲。

这天的生意看起来真的很不错，第一位顾客对香肠的品质表示满意，于是就把整车香肠的一半还有一根香肠的一半给买走了。接着又来了一位顾客，余下香肠的一半还有一根香肠的一半让他给买走了。随后农民又在另一个地方把剩余香肠的一半还有半根给卖掉了。接着他找到了一家客栈的老板娘，请求老板娘把他车上香肠的一半还有半根买下来，老板娘同意了。农民继续叫卖，途中遇到了外出归来的客栈老板，老板不知道老板娘已经买过香肠了，便买下了车子里所剩香肠的一半再加上半根。客栈老板还把美味的香肠推荐给自己的朋友，于是，朋友把车内剩余香肠的一半以及一根香肠的一半给买了下来。到此为止，农民卖掉了自己所有的香肠。你知道他这天生意的总收入是多少吗？

艾尼瑟夫人的香蕉

科莱希是一位非常聪明的警察,并且有很强的数学运算能力。一天,艾尼瑟夫人向他求助道:"我买了几挂单价为 3 先令的黄香蕉,又买了相同数量的单价为 4 先令的红香蕉。然而,我却发现,假如我把买这些香蕉所花的钱平均分成两份,再分别去购买这两种香蕉的话,居然多买了 2 挂。亲爱的科莱希警官,你能帮我解释一下这究竟是什么原因吗?"

工作谜题

看着整天无所事事的比尔·斯克斯,我问道:"你是否想找一份工作呢?"

"要工作来做什么呢?"

"工作可以挣钱呀!"

"挣钱干什么呀?"

"可以存入银行呀!"

"存钱又能干什么呀?"

"用作养老呀!"

"可是,我不想老得那么快呀!既然是为了老了可以休息,那为什么不现在就休息呢?"

我没办法说服强词夺理的比尔不过我的诚意还是打动了他。他答应出来工作了 30 天,工资是 16 先令/天。另外工作制度规定,无故不去参加工作,一天就要被罚款 20 先令。结果,比尔工作一段时间后,最后一分钱也没拿到,老板和他两个人互不相欠,对于工作,比尔是彻底失去信心了。

你是否可以计算出来,比尔到底工作了几天?

093 奶牛的买卖

琼斯刚刚以每头 210 美元的价格出售了两头奶牛,其中的一头使他亏损 10%,另外一头使他赢利 10%,最后他还有 5% 的赢利。

请问这两头奶牛的进价分别是多少?

094 田地的面积

一天，以租种田地为生的萨科弗巧遇好友海库，于是他便拉住海库的手叙述起了自己的不幸，他说这块田地一年的租金高达 80 美元，还要附

加很多的小麦。如果小麦最终以 75 美分/升的价格售出，那每亩[①]田地的租金约合 7 美元，随着价格的上涨，小麦如今的售价已经是 1 美元/升，因此，每亩田地的租金约合 8 美元了。萨科弗觉得地租太贵了，他真的难以接受。

那么，你知道萨科弗总共租种了几亩田地吗？

---

① 亩是面积单位，1 亩 = 666.67 平方米。

有趣的吆喝

这个声音十分具有创意性,它是一个卖十字糕点的小贩喊出来的:

"十字糕,十字糕,新出炉的十字糕,1美分一个,1美分俩,1美分还给仨,女儿不喜欢,儿子还要吃,烫嘴的糕点快来买,我给孩子七分钱,几个女儿几个儿子,买的糕点一样多。"在这段有趣的吆喝声中,我们发现:他在贩卖三种价格不同的十字糕点,有一部分糕点,1美分一个;还有一部分糕点,1美分2个;余下的那部分糕点,1美分给三个。各占一半的女儿和儿子总共有7美分的购物款。后来,孩子们每个人都得到了同样数量的糕点,你知道每个孩子可以得到几个糕点吗?

第四章

拓扑变换谜题

096 选择位置

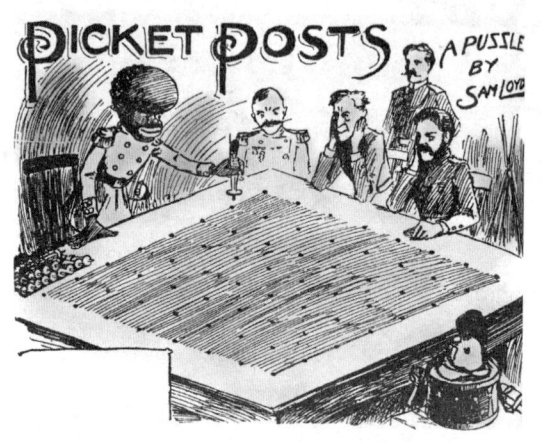

一提起军事战略问题不免让人心生敬畏，但有时候常见64个方格的棋盘就会让这个有意思的问题变得简单化。

棋盘放好，开始排兵布阵，人数16人，其中有2个军官。首先军官的位置只能是棋盘中央的4个方格中的任意2个，然后要做的就是确保棋盘上的任何一条直线上都不会出现3人及3人以上的情况。先把军官的位置定好，其实是降低了这道题的难度，因为我们只要考虑怎样确保任何一条直线上不会出现3个人就可以了。而上升到军事层面来说，不论哪个方向有炮弹射来，这就位的16个士兵，最多只有2个人会被打中。

棋盘上的8个"皇后"问题也是一道经典的题目，和这道题目一样有趣而巧妙。8个"皇后"在棋盘上都有自己的领地，相安无事，谁也动不了谁。由此看出，解答这种题着急是行不通的，关键是耐心，详细全面地分析其体系，把题目中制定好的计划都纳入到体系中来。

对于猜猜看和搭建类的谜题，突发危机试验方法是我们能够用到的好方法，广泛地把详尽的实践分析理论运用到这类题目中，对人脑的思维能力能够起到非常好的锻炼作用。一共16个人，两个军官的位置已经确定，那么剩下的14个人的位置就需要一个完整的分析体系来计算全部的组合变化，并保证每一次所做的实验都是不一样的。

097 军旗变换

11世纪十字军东征，基督教徒们高贵的军队在面对野蛮强硬的土耳其人时勇往直前，只用了一个大队的人马就把土耳其人的城堡拿下，并将自己的十字军旗当着对手的面插在了城堡上，随后伊斯兰教战士也被他们扔下了城墙。这个故事记载在一幅有趣的11世纪的插图中，也就是我手里现在有的这张。

十字军旗一举替代穆罕默德的旗帜，这个故事似乎给了我们一个相当便捷的方法。出于这种考虑，我们在绘制插图时一名伊斯兰教士兵拼死守护着著名的土耳其军旗，他的敌人手持绘有十字架盾牌的十字架骑士正在对他发起攻击。

由图可知，土耳其军旗的制作方法其实很简单，一块黑布，一块白布，一个新月形和一个八角星图案在黑布上剪下来，然后把白布缝上去就做好了。那么现在给你一面土耳其军旗，利用包含新月和八角星的部分，怎样用最少的块数，最简洁的剪法，把土耳其军旗图案拼成十字军旗上的十字架。

 拼个桌面

这道题是一道几何类的基础性问题，但它的趣味性却毋庸置疑，所以在学生中也很受欢迎。虽然实验的方式能够为他们找到这个问题的答案，但是纯理论的数学解法却大有来头。著名的欧几里德的《几何原本》中的第47的问题的解法就与本题的解法有很多相似之处。

问题是这样的，现在有一块长1米，宽半米的木板，木匠想用它来做个正方形桌面，但是木板的一角已经被锯掉了，剩下的缺口与矩形的长正好成15°角，如图所示。聪明的木匠应该怎样切割最少的块数把这个正方形桌面拼出来呢？而这道题最有意思的地方在于，只有你找到了正确答案，那么不论题中的角度如何变化，你才能以不变应万变了。

 最大的新星

英语单词"天文学家ASTRONOMER"根据回文构词法够成的新词"no more stars"是"没有新星"的意思。这个有趣的发现是一个热爱谜题的聪明的小朋友发现的。但顺便说一句，根据回文构词法，用这11个字母完全可以拼出更为合适的词来。一位法国天文学家站在科学的立场上看待新星问题。虽然新星不

存在是科学家们的一致看法，但这是缺乏科学依据的。并且他证实一颗一等新星已经被发现。根据这件事，人们创出了一道十分有意思的谜题。

如图所示，这是一块画了 15 颗不同等级星星的黑板，一位知识渊博的天文学家正在展示他的新发现，他告诉他的学生们，他在天空中又发现了一颗新星，而且这颗新星的大小超过了以往所有的星星。

聪明的读者朋友，快来把这颗星星的位置标出来吧。任意两颗星星都是互不干涉的，其他的星星位置也已经固定了。

100 摆鸡蛋的学问

美洲豹能随着自己所躺的地方不同而任意改变自己身上斑点的颜色，橘子可以培育出无籽的，苹果可以培育出无核的，无花果也能栽种在蓟上，这些都是班伯克教授的发现和发明。

当然，家禽也逃不过班伯克教授对它们的兴趣。母鸡就成了教授近期的研究对象。为了把清点鸡蛋和包装的时间节省下来,母鸡要自觉地把蛋下到盒子里,这就是教授的新成果,"无巢"母鸡。鸡蛋在上下、左右和对角线的任何一个方向上都小于3,这就需要每只母鸡都清点好自己下的鸡蛋,这些母鸡的智商远高于鹅,因为像母鸡这种在一定程度上受限制的统一工作是鹅无论如何也学不会的。这个有趣的游戏也因此风靡一时。

如图所示,对角线已经被母鸡下了两个鸡蛋,只能在别处下了。那么你知道最多能在这个6×6的盒子中放多少个鸡蛋吗?

比波小姐的羊圈

在谜题王国的山上住着一位比波小姐,她自己饲养了许多的牲畜,其中有2只小羊羔最受她的喜爱,为此她用4根横杆围了图中所画的两个羊圈来分别喂养这2只小羊羔。一天,她的一个追求者把一只像金子一样颜色的小羊羔送给了她。这只羊羔金光闪闪,受比波小姐的宠爱,她爱不释手但又不想让它孤单,就想要制作一个相互连接但是又每个都独立的羊圈,让这3只小羊住在一起。现在她所拥有的木条一共是8根,4根短的横杆的长度是4根长的一半。

现在问题也就来了,把这8根木条摆成三个彼此相连而且面积一样的正方形羊圈,你知道应该怎样放吗?

102 海军上将的问题

英格玛公主遇到难题了,她的追求者瑞士海军上将把许多聪明的人都召集了起来,为的就是解出这些难题。

第一道题是这样的:这里有一面瑞士国旗,要把它切分,然后拼成一个正方形,要求切分的块数要最少,步骤也要最少。每位自认为聪明的才子都不愿放过这个展示自己聪明才智的机会,为此各显神通。最后每一个人都完成了这道题,但切分的块数大于等于12,最佳答案只属于把国旗切分得最少的人。

另一道题被瑞士海军上将献给了他热爱的海军:一块瑞士干酪,用瑞士军刀切五次,最多能切多少块?

分割棋盘的问题和海军上将最后的这道题很是相似。

在汤姆口中,世界国际象棋冠军拉克斯都被这道题难住了。因为解答这道题并不取决于你象棋下得好与坏。首先要看懂这个简单的问题:把棋盘分割,要求一个方格是分割的最小的那块,8个或12个是最大的那块,要保证每一块的形式都不一样,棋盘最多能被分成多少块?

103 四橡树之争

有这样一个故事,说的是四个儿子分家产的事情。这个故事发生在四橡树镇,这个镇的名字的由来就和镇里早期的一位开拓者有关。这个人早年来到这个镇上,并把大量的土地变成了自己的财产。他有四个儿子,在他的遗嘱中这样规定道:把四棵古老的橡树作为不变的界标,把土地按照橡树的位置分为四份,面积相等。"四橡树"也就是这么来的。这四棵橡树非常古老。但却没有为他的四个儿子带来多少灵感,按规定平分土地,他们谁也办不到,又谁都不愿意吃亏,只能把这件事拿到法庭上,让法官来判个高下。偌大的家产都耗费在了这场旷日持久的"四橡树之争"中。讲这个故事的人本来就认为这个素材很适合编谜题的。尽管这些背景故事并不是多么重要,但谜题的创作灵感却来源于生活。生活的琐事,别人的故事,只要我们有一双慧眼,人生旅途中从来就不缺乏灵感这东西。

在故事原本中,土地面积达 7 000 英亩①,作为重要界标的四棵橡树,每棵之间的距离也有 1 英里②。因为谜题都比较简洁,所以修改这个故事就不可避免了。

如图所示,四棵橡树栽在一块正方形的土地上,树与树之间距离相等,在土

---

① 英亩是面积单位,1 英亩 $= 4.046856 \times 10^3$ 平方米。
② 英里是长度单位,1 英里 $= 1.609344 \times 10^3$ 米。

地的中间排成一排。父亲是公平的，因为他的意愿是把土地分成大小和形状都相同，留给四个儿子，当然，树也得一人一棵了。不用离开。现场就能给出答案，只要时间允许，就会有个方案，但是最佳答案却不是每个人都可以解答出的，这一点也是可肯定的。

让每一棵树栽在每一块大小形状相同的土地上，前提是把一块土地四分，你怎么解答这个古怪的问题呢？

"红"黑桃谜题

惠斯特国际象棋俱乐部位于新奥尔良市，也是我今天访问的目的地。而俱乐部接待室的窗户引起了我极大的兴趣，原因是有一种很是奇特的红色黑桃贴在那里。这是一种设计方法，其风格体现在许多彩色玻璃进行的拼接，窗花风格更多是对天主教教堂的模仿。德累斯顿正是这种设计的创始者。

这种设计一出来就引起了很多争议，因为它被人们当成了设计师的错误。但人们并没有质问过图案的颜色不协调的原因，当然也没有人来解释。但后来在实际使用过程中人们也发现了黑色的黑桃无法使房间的光线变亮，而且这种"红色"黑桃的设计也是非常新颖的，人们也就慢慢接受了这种设计。

俱乐部的标志在当时定的是红心A，但制作者却犯了迷糊，弄成了现在这样。我很认真地观察了这面窗户，如果想要用以前的红心图案的话，只要对窗户的彩色玻璃进行重新排列就可以了，因为窗户上的黑桃是由三块组合成的。

大家现在已经不同意换掉这个图案了，尽管这个特殊图案开始并不被俱乐部成员所喜爱，还是逐渐地被人们接受了。聪明的读者，要想得到一个漂亮的红心，这个黑桃应该怎样切成三瓣，重新组合呢？记住要找到最佳答案。

古希腊标志

近来，古希腊的一些重要遗址被考古发掘，新闻媒体上经常看到遗迹的照片，其中"三角形"和"圆圈"经常出现，让我印象深刻。我是个热衷于谜题的人，对学者们写的鸿篇巨著没有什么兴趣，但其中的谜题特性或者奇特的数学却引起了我浓厚的兴趣。

如图所示，这种既像署名又像印章的符号在如今雕刻的纪念碑上经常出现。不能不让人联想到大名鼎鼎的穆罕默德谜题。现在我们的题目来了：要用实线一笔画出图中的图案，怎样才能做到转弯的次数最少。每条线都能两次穿过。聪明的谜题爱好者们，开动脑筋试试，这是一道十分难得的妙题。

无穷的链条

Sam Loyd's Endless Chain Puzzle.

一道摆放铁链条的问题却难倒了一个法国的小铁匠。事情是这样的,有人托他修理一些铁链,这些铁链一共有13条,被放在一个小盒子中送了过来,那个人要求暂时不将铁链焊好或者连接上,想要先知道盒子里面原先装着的铁链的样子。因此要看到这些铁链复原好的样子,就要先知道铁链应该怎样放,就得拿出13条铁链,照着图中的样子,动手试试了。

这是一道动手题,光看是看不出诀窍来的,必须亲自动手摆一下才能有思路。

一分为二

妻子新做了一床被子,采用的是棋盘格的花式,如图所示。丈夫觉得,把这个正方形的被子改成两个小正方形的被子更为合适一点。为了不破坏被子的花纹,只能沿着水平

和垂直的线条来裁剪。最后是丈夫想出了一个完美的裁剪方案，妻子照做后，果然作出了两床漂亮的新被子，妻子不住口地夸奖自己丈夫聪明。

我们的问题也就来了：要用最少的块数，把一个正方形裁开后拼成两个小正方形，聪明的谜题爱好者，你知道答案了吗？

姜饼谜题

买到物美价廉的东西是人们共同的想法，在这一点上谜题王国的人们和别的地方的人们没有什么不同。这也是我们编写这道姜饼谜题的原因所在。姜饼没有一定的形状，许多小正方形拼在一起就可以了，有几块小正方形，姜饼就卖几便士。

一道关于姜饼的谜题流传在谜题王国中，只要沿着直线把姜饼分成两块，并且拼出一个 8×8 的正方形，那么买家就会把这块姜饼赠送给切出来的人。尽管并不是每个小朋友都切得出来，但还是有很多小朋友得到了免费的姜饼。

就像图里画的是一个非常聪明的小朋友得到的大姜饼，因为他十分喜爱做谜题，不过你们可不要小瞧这道题，它的难度一点也不低。

想不想获得谜题王国的免费姜饼呢，如果你足够聪明，那就赶快试试吧，最好是用那个聪明的小朋友的方法，姜饼才能足够大。

109 执事太太的零布头

"笨人难过桥"问题又有了进一步的延伸,被人们叫做"执事太太的零布头"问题,而这个问题也被称为毕达哥拉斯经典的"两个正方形组合"问题的姐妹问题。

基督教公会执事怀特先生一家住在美国的一个小镇上。一天,怀特太太需要一块油布,她来到了镇上的一家杂货铺,店家非常热情地接待了怀特太太,他看到店里还剩下许多裁剪下来的零布头,就顺手送了一块三角形的小布头给怀特太太。怀特先生需要的油布比大正方形的还大,所以,正好和怀特太太现有的两块油布重新裁剪拼接。

即使你已经读大学了,但也不能学到所有的原理,现在解答这道题要用的这条有趣而简单的集合原理就在其中。开动脑筋想一想,把图中画的小三角形裁成两份,大正方形裁成三份,你知道怎样裁剪吗?

110 考眼力

为了提高小朋友的观察能力,启发他们开动脑筋,老师出了一道和天文学有关的谜题。但是谜题出来以后,许多大人觉得这根本不适合孩子来解答,因为他们还不具备解答出这道题的能力。

这道题考验的就是你的眼力和思维，想快速地找出本题的答案，不妨换个角度试试看。当然，任何与题相关的描述和提示都是不存在的。

右边的那个看似凌乱的图案中隐藏着一颗相当完美的五角星，努力睁大眼睛，多长时间你能找到这个五角星。

111 波斯地毯

用抽象的植物和阿拉伯文字作为几何图案，从天然植物和矿石中提取染料，无论多久，地毯颜色都光鲜亮丽，这些特点说的正是波斯地毯。

下面是今天的谜题：在不破坏图中两人所有的地毯中任何一个小图案的前提下，把地毯分割成大小形状相同的两块，你有什么好方法吗？当然，波斯地毯的历史和我们的问题是没有任何关联的。

 优等生简妮的趣题

简妮的各门成绩都是十分突出的,所以她被公认为是学校里智商最高的。

一天,乔伊看见简妮在墙上画画,就过去和她打招呼,简妮就给乔伊出了一道十分有趣的谜题。墙上是简妮所画的6个小圆圈,"这些圆圈的位置现在是固定的,其中有两条直线穿过了这里面的3个圆圈,你只能移动1个圆圈,使得有4条直线穿过这里的3个圆圈,你要怎样移动呢?"简妮对乔伊说道。

2条直线变4条,只有1个圆圈能被移动,快来动手试试吧。

113 小马谜题

这个数百英尺长的巨大白马图是被刻在山上的,它就在海平面的上方数千英尺高的地方。在十五英里左右它就可以清晰地映入人们的眼帘。这个有着数千年历史的白马图据说是被埃塞雷德和阿尔弗雷德的官兵们刻上去的,这是撒克逊人的象征,当时,这些士兵刚刚打败了丹麦。

这些士兵把覆盖着山体的绿色草皮清除干净,最后裸露出白马的形状,它根

本不像人们说的是山上的雪堆。

我们所以对这段历史感兴趣，原因也正是在于此，总是得到小马谜题创造者的诅咒，对于埃塞雷德和阿尔弗雷德来说，明显是不公平的。

"劳埃德，这真的是个谜题的很好题材。"这是州长在发现了这匹马的图案后说过的一句话。

正是由于有了一个个这样出其不意的想法，所以才有了一个个有趣的谜题。如此聪明的我怎么会放弃这样一个绝好的机会呢？马的形状很快就被我用剪刀在纸上剪了出来，并被我命名为"小马谜题"。

我们可以很容易的对原来的轮廓和部分的形状进行修改，我也确确实实是这样做的，比较起来还是原来的样子让人喜爱，因此我献给读者的就是它原来的样子。

分饼谜题

看完下面独具一格的分饼谜题，你就会明白讨论数学问题同样可以用比较浅显的方式。

奥弗莱哈瑞提夫人把饼分成的块数太多了，这是有悖于内部细则第五条的，这一点被寄宿人员保护协会发现了。为了恢复待遇，寄宿人员共同用取消租约来表示抗议。

这其实已经是奥弗莱哈瑞提夫人的一贯做法了,交房租比较及时的房客总会得到偏袒,他们吃到的总是中间厚的部分,而边角则留给拖欠房租的人。夫人十分器重照顾自己女儿的青年医生,总是把最中心的部分留给他。

但是这些权益不均衡问题不是我们今天说话的重点。

问题是大饼在被刀子以直线形式切割 6 刀后最多可以得出多少块,并且所有的交点都不能重合?

115 黑人太太拼被单

把一个 13 格 ×13 格的布片分成 11 个正方形,这是我在前面说过的一个谜题。这里仍是一个延伸部分,依旧是个拼被单谜题:

在一个 12 格 ×12 格的被单上,一帮黑人太太们要把 11 个正方形拼上去,并且所有正方形上的格子一定要大于或者等于 4 个。具体的操作你知道吗?

添加了每个布片必须包含 4 个或者 4 个以上的格子可以是答案具有的唯一性。假如有 3 个布片必须是由一个格子组成,又应当如何拼。

通往数学的捷径

如图所示,把不规则四边形分出五个部分,然后:

第一,组合一个正方形;

第二,组合一个十字架;

第三,组合一个平行四边形;

第四,组合一个长方形;

第五,组合一个三角形。

柯尼斯堡的八桥问题

柯尼斯堡城中全部的桥梁都被一条长长的步道串联起来,这条步道也被年轻人们视为一个风景优美的娱乐场所。有人曾问过经过此步道的时间,令人吃惊的结论却是人们不可能在不重复经过任意一座桥梁的情况下走过整条步道。

数学家欧拉曾被一群年轻人拜托思考这个问题,这一事件被记载于历史文献中。欧拉受托后的一年间写了一份与此问题相关的长篇巨论，并将它交到了圣彼得堡科学院。在论文中他肯定一次性不重复经过任意数量的桥梁都是不可能的事情。1741年学院学报的第八卷登载了这篇论文后其又被译为英文与法文，其他有名的数学家也知道这篇文章。这个经典的问题被三一学院的鲍尔教授在其著作

《开心数学》中提及，遗憾的是问题的始源被他弄错了，他以为此问题是欧拉于1736年提出的，并且他还认为柯尼斯堡城中始终只有7座桥梁。其实据史料记载一直都有8座桥梁坐落在这里，按照旧日的旅行手册，这8座桥的准确位置已被我们标示出来。1735年的欧拉还只是一个年轻的学者，也许出发地点没有找对，所以没能给出问题的正解，毕竟50年后的他才声誉鹊起。

从图中的一点出发通过八座桥梁是可以实现的已被证实了，现在的问题便是请大家说出这样的路径有几条，并且要为我们找出哪条是最短的路线来。

日本水雷阵

第二次世界大战时期，日本人拥有雄厚的海军实力，他们借此甚嚣尘上。

在阿瑟港，日本人曾设置了水雷阵，如图所示。以图中左下角为起点，我方

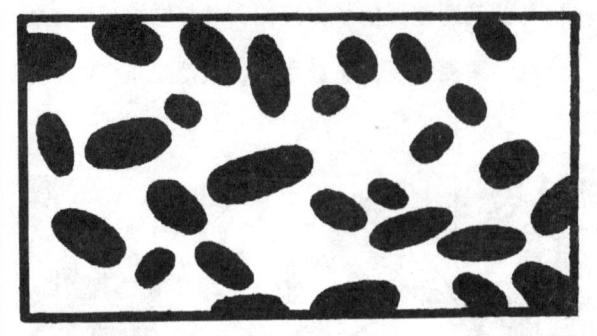

军舰在仅能转一次弯的情况下,到达左上角。要满足上述条件,我们需要画 2 条直线,一条以底线为起点,终点为中间的某一地方;另一条以第一条的终点为起始点,终点为图的左上角。

如何能够在不碰触水雷的情况下走出水雷阵呢,聪明的读者们,你们想到了嘛?

119 司令的部署

海战中,有一些战舰不熟识海军信号代码,所以只能用战斗信号代替。如图中的司令官就正在绘制战斗信号。在美国与西班牙的战斗中,美国所用的"铭记缅因州"的口号与此类似。

军队想依据先前的安排,炮轰敌军炮舰里的小型舰艇。目的是在敌方全力进攻作战时,将他们一网打尽。

以大军舰为起始点,绘制一条能攻击到全部 63 艘敌舰的直线,要尽量少用直线数目,即尽可能地挪动最少步后,返回起始点。

120 来自中国的智力趣题

这与15个数字相似的游戏来自中国。游戏如图所示，这里有两条横竖相交的滑槽，12个小木块被放置在竖滑槽里，其中两个木块是空白的，其他10个木块都被刻上了汉字。把竖写的句子变为横写即该游戏的最终目的，并且木块间的顺序在整个游戏过程中是不能变化的。要想让变动取得成功，你知道最少需要走多少步才可以吗？

121 战舰排列问题

舰队的长官正在听他的下级汇报舰队的工作状况，就在这时，长官忽然将一个刁钻的问题抛给了他的下级。

图中展示的是列成两排向前行进的10艘战舰，这种情况会在国家远洋战舰试航时出现。在碰到4艘敌方战舰时，为保证每个方位上都有四艘战舰，舰队会立刻调换队形。舰队的长官提出这样的问题就是想考察一下他的下级的临场应变

能力。

假设只能通过调动 4 艘战舰来完成上述要求排列的队形,那么怎样调动才合适呢?这便是你需要回答的问题。

122 巧摆杯子

这是一道非常有意思的题目,大家在闲暇之时完全可以娱乐一番。

我们先要准备一些酒杯,8 个就足够了,其中装有酒的杯子和空杯子各占一半,如图所示,然后分 4 次,迅速拿开相邻的 2 个杯子,这样装有酒的杯子和空杯子重新被组合起来,呈现出一种交替排列的状态。要想表演好这个游戏,操作者必须动作娴熟,千万不能迟疑,以免被围观的人们看穿。

123 挣脱锁链的后果

小朋友们看到这个题目一定乐坏了吧!它为孩子们提供了一个可以自由想象的空间,锻炼了孩子们的思维能力。

问题非常简单,在图中,大象的后腿上拴着一条锁链,假如这条锁链被拽断的话，会造成怎样的后果呢？前面那个小男孩也许会被大象咬住，甚至吞进肚子里；后面的很有可能被大象踢到，或者踩在脚下。我们可以把图剪开然后重新拼凑在一起，让我们动起手来，答案很快就会呈现在你的眼前。

124 猴子爬窗

住宅楼的下面来了一位演杂耍的民间艺人，他恳请居民们观看他的表演，住在楼上的人禁不住他的再三乞求，于是就同意了。表演结束后，猴子离开主人爬到楼上，挨家挨户收取赏金，收完后再与主人汇合。假如猴子以此为起点，怎样走才能保证不走一点冤枉路。

125 缺角的方阵

有一件非常好玩的事情,就发生在第 17 次圣帕特里克大游行时,有人发现在即将出发的方阵后排有一个空缺,这样队伍看起来很不协调,方阵中的男孩们急坏了,试图弥补这个空缺,但这件事却很难办到。一般情况下,10 人为一排,现在后排只有 9 个人,如果每排 11 人的话,仍然无法排列,于是人们只能试着 9 人一排、8 人一排……,可最后却发现就算每排只站 2 个人的话,最后一排也只有一个人独自站立。那么,你知道参加本次游行的人数究竟是多少吗?

126 棋盘中的星星

大家都听说过棋盘问题吧?下面讲述的就是关于这方面的问题。如图那颗小白星从中间出发与大白星去汇合,途中要用走直线的方式踩到全部 62 颗黑星星,现在问题出来了,小白星需要多少次直线行走才能到达大白星的位置?

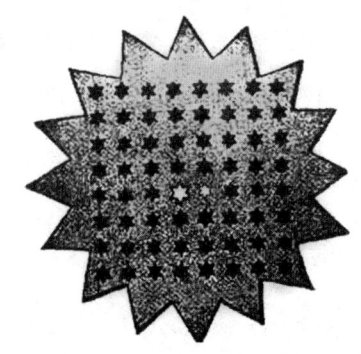

127 穿越基地

有一支部队,试图进入一个军事基地,他们进去的时候和最后走出来通过的不是同一扇大门,并且在穿越过程中要把基地中那64个方块都走遍了。倘若部队想少走些弯路的话,应该如何选择行进的路线?

128 逃生的野猪

这个问题与上面那道穿越基地的问题基本相同,农场主人一时疏忽,没有关闭果园的大门,结果趁虚而入的野猪把64堆西红柿全都吃光后又溜之大吉了,期间野猪转直角弯的次数为21次,并且没有碰到中央地带的黑色篱笆。不过我们能够确定野猪转弯的次数根本没有图中标出的那么多。接下来我们就思考一下溜走的野猪转弯的最少次数是多少?

129 巧修道路

有三个家庭共同居住在一个大杂院里。中间的房主想修一条道路,这条路要从自己的家门直通院子的正门,同时左边的住户也需要一条直通右侧小门的路,而右边的住户也想出门后就能顺利到达左门,因此这三户人家都需要修建一条独立的路,该怎样修才能不出现交叉的情况呢?

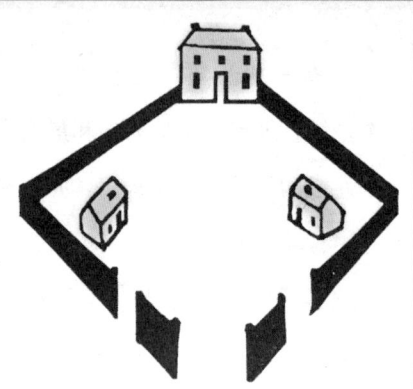

130 巡警的路线

科莱希是社区的巡逻警察,自从被委派到这里,他始终在思考一个问题,那就是:指挥中心命令他必须在经过了奇数个街巷后才能拐弯,并且每段路只能经过1次。于是,上面这张地图就诞生了,科莱希绘出这幅图的目的就是想找出一条最好的巡逻

路线。大家都来思考一下。

如图中，用虚线标出了科莱希一直以来采用的线路。虚线旁边的白色图案就是他必经的28座房屋。科莱希总想重新划分路线，在满足所有要求的情况下，以指挥棒所处的位置为起点，尽可能多地经过一些房屋。这时候就需要你来开动脑筋了，快来帮帮科莱希吧！

变队伍的野鸭子

提到打野鸭子，秃鹰湾附近的人再熟悉不过了。即便如此，他们的狩猎过程也并非一帆风顺，要想解决困难就要勤于思考，那些爱动脑筋的人们对我的题目一定不会感到陌生。

题目如下：只有枪法精准的人才能一枪打中处于同一直线上的几只野鸭子。那些野鸭子飞行的时候一般都会排成两列，并且由两只领头的野鸭子分别管理这两支队伍，如图所示。在这幅图中，很明显就能看到，有3队野鸭子分布在不同的直线上，每队均为4只鸭子。我现在就可以射击了，枪法好的话打中一两只是没有问题的。然而我却想,若一枪打不中 4 只的话,还不如不打呢?紧接着,我发现了一件有趣的事情。透过渐渐被风吹散的雾霾,我看见有几只鸭子飞离了先前的位置,此时,呈直线的野鸭子变成了 5 队,每队仍然是 4 只。

我们看图上那 3 个均由 4 只野鸭子组成的队伍,如果想要变成 5 队,每队仍然是 4 只的话需要改变哪几只野鸭子的位置?

织棉被的问题

有一个由 11 人组成的爱心编织队。每位队员至少捐出一块正方形棉布,接下来就要把这些小正方形织成一床大被单,尽量不要浪费任何一块小方布,以免它的主人被请出队伍,在这种情况下应该如何拼接。决定大被单中小正方形数量的是编织队的人数。看到图中人们手中的那床大被单了吗?若想把它分成 11 块正方形布块,并且每个布块中至少有一个完整的方格,应该如何分割呢?

133 最佳路线

这是一个由 8 位趣题爱好者共同建立起来的小区。每个人都有自己独立的房子，每座房子都有通向公园大门的专属甬道，站在公园大门口，顺着直线向正前方看，就会看到他们各自的家门。在不出现交叉者和公用的情况下，会有几条崎岖的绕行线路。他们的地图都随身带着，以防走错道路。下面画的就是这个小区的平面图，请你思考一下，在不出现交叉的情况下，如何从各家门口走到公园大门？请用笔标示出来。

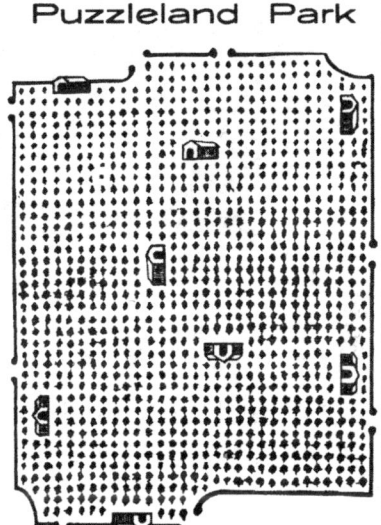

134 果树问题

这片果园的主人是一位脾性怪异的老者，他总是在自己规划的特定区域里栽种小树苗，而其他人根本就找不到树苗的位置。原来，他发明了一种新的果树嫁接法，由于还处在试验阶段，因而不愿意被任何人窥视到。几天前，他又把 60 棵果树砧木的幼苗栽种在了园子里，这种幼苗适用于各种果树的嫁接。平时，这位老人家总是以 10 棵果树为一组，来嫁接同一品种，每 4 棵果树形成一条直线，一组果树共有 5 条这样的直线。然而，他却向我提出了这样的疑问："我有桃子、柿子、李子和梨四种树苗，是否都能按照这样的规律来嫁接呢？"这个问题引起了我的兴趣。

这个问题并不复杂，我们将8×8国际象棋的棋盘画在一张足够大的纸上，然后，按照左图去除四格，这是园主人房子的所在地。接下来，我们需要4种颜色不同的纸牌各10张，让它们分别代表不同的果树，现在你就把这40张牌放在60个小格上，每张牌只能占一个小格，4张相同颜色的纸牌在同一直线上，且每种颜色的纸牌都出现5条这样的直线。

 白菜地问题

这是一个简单而有趣的小问题。威格勒斯夫人在和利芮聊天时提到了她不久前种的大白菜，她说扩大了正方形的菜地后，比往年多种了211棵。你知道威格勒斯夫人的大白菜横竖各有多少排吗？爱动脑筋的人们和蔬菜种植者们一起来开动脑筋吧。

136 给"鸡蛋"排队

克里斯多夫·哥伦布的鸡蛋问题家喻户晓，下面让小汤米给大家介绍两个。

我们先来看一下母鸡谜题，它的创作者是亚美利哥·韦斯普奇。美国得名"美国"就是依据了他的名字。这道谜题如下：在桌子上放9个鸡蛋，3个鸡蛋组成一条直线，怎样才能拥有最多的直线？如图中这8条直线是迷糊大王给出的答案。但是小汤米对这个答案并不是很满意，认为所有聪明的小鸡都能得出更让人满意的答案。

接下来我们跟着让人发笑的迷糊大王来解决第二道谜题。它需要你画一条不间断的折线，这条折线由最少的线段的串成还要经过全部鸡蛋的中心。迷糊王的6条直线刚刚符合条件，但是这也不是小汤米想要的结果。

大家都知道，哥伦布这位杰出的航海家被投入大牢是因为鸡蛋竖着站立的闹剧，之所以鸡蛋能竖起来，是因为它是熟的。本题需要你发现一个不比鸡蛋竖立差的小伎俩。要完成这道题目，你会用几条直线呢？

青蛙谜题

展示在读者朋友们面前的是巴森饲养的青蛙。为了给伊尼格玛公主欣赏,他要用这些青蛙搭建一座金字塔。方法是最下面是最大的一只青蛙,然后越向上越小,每次只能移动一只青蛙。

一共需要多少步才能把金字塔搭建好?

普利姆索尔标记谜题

我们这个谜题是根据普利姆索尔标记改编出来的。

因为拒绝跟随破船出海,每年被抓的海员达到了500多人,这是普利姆索尔在一次会议上的演讲内容。但是沉入海底的不只是这些破船,因为超载而沉入海底的船就有1 000多艘。为了防止船只超载，我们有必要使用由两个圈组成的普利姆索尔标记。

船只的最大吃水线可以用标记标示出来，一旦水平面超过了这个标记，船只就会被处以高额的罚款。为了能够使所有英国船只都标记上这个标记，普利姆索尔游说了政府整整15年。人们因此称他为"海员之友"。

谜题的要求是，把起点设在任意的一端，之后用最短的线一笔不间断地画出这个图形。

托米的泰国国王谜题

泰国的国王令托米把一面旗帜赠送给了谜题王国，并且把一个问题也带过去。

如图所示，我们如何将上面的大象分成几个部分，然后重新组合使大象位于旗帜的中间位置。

托米还把一个御用测量的方法告诉了伊尼格玛公主，如图所示，那是用果子替代的8棵梨树和8棵苹果树，怎样运用最短的线路到达上方的心形位置，起点可以是任意一棵果树。

为了参赛的选手可以清晰地描绘自己的路线图，我们在所有果子上都标上了数字。图中的答案是泰国国王画出来的，还有更短的路线，你知道怎么走吗？

140 建筑师谜题

一天，一位建筑师被国王紧急召见，为的是更改新地牢图纸的事。为保证狱卒（位于监狱墙角）可以用最短的距离监视到监狱的所有地方，国王想更改一下图纸。

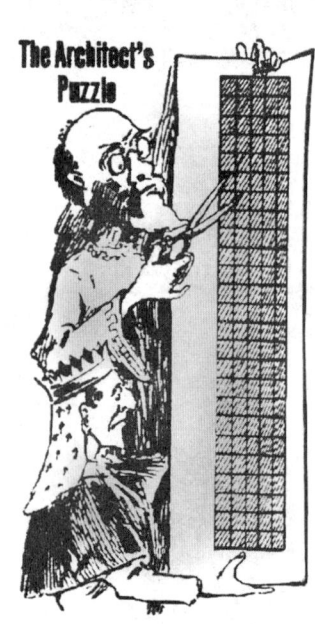

这位建筑师在年轻时期就十分了解监狱里面的构造。图纸轻易地被他用剪刀裁成两部分又拼凑在一起。建筑师解释说："这样修改可以保证所占面积相等。为保证狱卒能看清楚这整排牢房，每间牢房墙壁中心是门。当巡视牢房完毕返回原点时，狱卒会把每间牢房都没有重复地查看到。"建筑师演示了修改后的图纸，监狱长认为修订后的方案很完美。

你知道建筑师是用剪刀怎样分割图纸的吗？

第五章
图形变换谜题

141 月牙和十字架

对于月亮的崇敬之情,这是人们生来就有的。现在这个有意思的问题也与月亮有关,怎么样把月牙形切割拼接成希腊十字架,相信这一定能引起许多谜题爱好者的兴趣。题中美丽的女神坐在天空的月亮之上,浑身散发着圣洁的气息。

希腊十字架的组成方法是把月牙切分开,然后再拼凑组合,女神头顶上的十字架是我们所要拼成的希腊十字架的参考形状,最后说一点,切割的块数越少越好。

谜题爱好者们,你们有答案了吗?赶快动手试一试吧,相信你一定能拼成。

142 各不相同的棋盘碎片

这是一个有趣的历史传说,主人公是一位法国的国王。在他还是王子的时候,一天,他和勃艮第公爵切磋象棋棋艺,他已经被公爵逼入绝境,马上就要被将死了。这位王子脑子一热,拿起棋盘就照着公爵的头砸了下去,结果,那个棋盘就变成了8块。这个故事后来也时常出现在象棋作家的文章中,用以证明单单靠政治而没有谋略是很难赢棋的。如今国际象棋中"王翼弃兵"的典故就是从这里来的。

把象棋盘摔成8块一直是我孩提时期的一种幻想,但是故事中的一些元素被历史学家所忽略了，而一道有意义的趣题正是靠这些元素构成的。而且我进一步发现，没有一本权威的参考书对于复原摔碎的棋盘的趣题给出指导或答案。而把题中棋盘碎块定为 8 块，是因为这样能让人任意想象而不用顾忌历史的真实情况。而且最重要的是扩大了答案变化范围，又没有提高难度。

炎炎夏日，这道趣题就当是给亲爱的读者们准备的解暑品了。解答这类题有一个原则需要人们遵守和掌握，而且也是唯一的方法——那就是 8 块碎片的形状都不可以相同。然后把这 8 块碎片复原成一个 8×8 的棋盘就可以了。这道题看似简单，但在你解答之后，你会发现这是一道很有难度的题目。

赶快动手试试吧！把一个 8×8 的棋盘画在纸上，分成各不相同的八块，图中所示的图案就是给你的参考。

143 马赛克拼图

今天我们所要研究的马赛克拼图是圭多罗马头像组合，而非人们都知道的多米西欧威尼斯式。圭多罗马头像组合在 1671 年人们复原，是一个 5×5 的正方形头像组合。因为它开始并不是被人们同时发现的，而是分散成了两块先后被人们所找到。偶然中有人发现这两块由好多个头像组成的小正方形重组后其实可以拼出一块5×5个头像的大正方形，如图所示。而在当时发现两块头像后，其实社会上围绕着它们拼接的可行性和拼接方法的正确性展开了一场大规模探讨。

逆向思维存在于任何一道谜题之中，这和数学题有着惊人的相似。那么我们在解答这道题时不妨就来试一试。首先把问题倒过来看，这里有一块5×5个头像的大正方形，怎样把它分割，然后拼成原来的两个小正方形。这道题是难得的拼图题。

众所周知，毕达哥拉斯有一个斜切法原理，根据斜线切割理论，一个正方形可以划分后再拼凑出两个小正方形，反过来这个结论也能成立。但毕达哥拉斯的斜切法原理对于这道题却并不是完全适用的。因为要保护头像的完整性，切割就不能随便动手，只能沿着头像框线来切。但要说的是，毕达哥拉斯问题中阐释的平方根被人们掌握后，不仅能很快想出解题思路，而且大大减少了这类问题的实验量，因为这个罗马文物古董正需要这个古老的理论来解答，而两个小正方形所需的头像数在使用这个理论后更是可以轻松可得。

解决的方法每个人都可能发现一种，但拼出来后也可能发现头像可能会变成倒置的。以最少的块数拼出答案往往是这一类题目的最佳解法，而这不仅可以最大限度地开发人的智力，而且也是拼图题的魅力所在。

毕达哥拉斯的经典问题

"对于鼓励发展高等数学来说，国内全部学校的努力总和都比不上萨姆·劳埃德的贡献。"这是罗杰斯教授的评论，而且知名经济学家的支持言论也加载在后面，这些言论被新闻媒体反复转载，可见是有多么地讨人喜欢。

说到数学，许多人都会望而却步，而且一离开学校就会很快地被人遗忘。这其中的原因，不仅是因为数学是个讲规则的学科，而且这些规则往往枯燥乏味，高深难懂，大多数的人都无法掌握它们的内涵，尽管在教授的时候已经做了最详细的讲解。然而，如果一个原理被学生掌握得十分透彻，那么也就不存在这些困难了。因为加减乘除才是我们需要进行的计算，不论给出的计算方法有多么的难懂深奥。

高等数学和机械学的规则从来都是那么的乏味，而易懂的智力题就变成了课堂上的法宝。不仅把学习的乐趣带给了学生，还增强了学生的幽默感，更重要的是那些枯燥的术语也变得生动起来。这些题目被老师改头换面，使学生能够更容易理解也更容易计算出答案。除此之外，为了让学生自然而然地记住大量的知识并且是永远地记

住这些知识，那么命题的提出就要更加巧妙风趣，经典传说、历史事件、机械原理都出现在了题目中，而学生的知识面也随之拓宽。如果三个正方形的边长正好组成一个直角三角形，那么两个小正方形面积的和一定等于最大的正方形的面积。这是毕达哥拉斯在 2 400 年前的发现。毕达哥拉斯的财产被他无私地捐献，而且甚至流传着他曾把自己的发现展示给狗看，而毕达哥拉斯如此兴奋的理由是他证明了任意一个直角三角形都存在这样的定理。

那我们的问题也就来了：如图所示的两个正方形组成的纸，要把它们重新拼成一个大正方形，应该怎样分割，记住只能分成三块。

145 小丑杰克

杂技界中有一个经典，那就是"小丑杰克的形象"，而且这个小丑杰克在谜题界同样大名鼎鼎。今天需要大家来开动脑筋的题目就是关于小丑杰克的。

这里有一个盒子，其在如图所示画面上的外周形状像是一个不规则的六边形，因为它像是被剪掉了两个角的矩形。小丑杰克拿着一把大剪刀，想把图中给出的这个盒子剪开拼成一个正方形却犯了难。因为要求只能剪一刀，分成两部分来拼。

聪明的读者们，你们对于这道题有答案了吗？快来帮帮小丑杰克吧！

146 新月如钩

一家《医药学报》报社在近期收到了一位很有名气的专科医生的来稿，对疾病治疗中意志力能起到多大的作用进行了探讨。文章中提到了这样一件事："在瑞士，想象力的能量已经超出了我的想象。比如对于吃发酵的黑面包，人们也可以做到享受美味的状态，因为他们坚信吃到的是月亮上的奶油奶酪。儿童有时会为了一些脑子中凭空想出的宝贝

争执，就如现实中人们对着空气作出切割的动作。显而易见，他们并没有从这种想象的感觉中得到什么实质上有用的东西，只是长胖了一圈罢了。"

一个古老的谜题就是从这些人的行为中提炼了出来，这才是我所关注的问题所在，而文章中的医学成分对我来说是无关紧要的。让这个愚昧的想象延伸下去，正在切奶酪的一位专家，举着刀迟迟不动，因为他的思绪已经从奶酪转移到了月亮上，想要把弯月用笔直6刀切出，怎样切块数最多？

臆想使人们能在这个粗野的晚餐聚会中得到更多的美好滋味，因为分享食物的过程已经占据了派对的大部分时间，唯一安慰人心的就是当作盛宴来享受的是新月如钩的一弯古老月亮了。

谜题爱好者们，我们的题目来了，笔直的6刀如何才能把这弯如钩的新月切出最多的块数，当然，你要是怕切不动，就用弯月形的绿色奶酪来试试吧。

147 复原环形蛇

这是一个有多样答案的问题，这也是一个寓教于乐的问题，这是一个有助于科学事业发展的问题，更是一个深受青年谜题者喜爱的问题。这就是环形蛇问题。

很多自然科学家都对这种名叫环形蛇的物种感兴趣，环形蛇的外形和运动特点更是被不少人描绘记载。据说在地面上，环形蛇的爬行速度非常快。最后人们总结道，嘴里衔着自己的尾巴围成一个圆环的蛇叫做环形蛇。一位大学教授的《关于环形蛇的发现》引发了业内人士的纷纷议论，他声称自己见到过这种蛇，而且是首尾相连的3条，虽然它们爬行速度非比寻常，但忽然间就消失掉了，原因是它们吞噬了彼此。对此人们纷纷质疑，而质疑的热点则是这种所谓的环形蛇真的存在于自然界中吗？对于相互吞噬的问题，是蛇类的特性所在，人们都觉得很正常。

首尾不相连地拼接这条蛇的各部分，科学家们就提出了362 882种方法。这种环形蛇在自然界中完全没有存在的可能性也在数学家的结论中得到证实，这是怀疑论者的再一次声明。

面对绝境，那位都授只得向青年俊才求救，想把环形蛇复原，哪怕只是画出个草图也好。开动脑筋试试吧。

148 谜题王国的三角旗

插图中有许多有趣的东西,其中"丛林算术"就颇受人们重视。在谜题王国中,使用的贸易方式依然是以物易物的古老交易方式。这不,英格玛公主就在认真地学习呢,而她的老师就是我们谜题王国的国王。"1顶帽子的价值=1只猴子的价值+1条鳄鱼的价值+1头大象的价值;换句话说,买1顶帽子需要支付1只猴子、1条鳄鱼和1头大象。"但这是为了增加我们的知识面才加进去的。图上的那面三角形的旗帜才是我们出题的重点。

聪明的读者,怎样把这面三角形的旗帜分成三份来拼成一面正方形旗帜呢?

149 狗头姜饼

一道简单的操作题往往会难住许多爱好谜题的小朋友,因为这种问题从来都不是用算术知识来解答的,而这道题就是一道实际的切分谜题。

狗头姜饼是图多收到的礼物,但他却没办法吃,因为他还有一个可爱的小弟弟,送礼的人跟他说,要和弟弟平分这个狗头姜饼,才可以吃掉它。图多觉得应该找到一个最公平的分法，毫无疑问，那就是分成的两块狗头姜饼形状和大小完全一样。在思考了很久之后，图多终于找到了分割的方法，并和弟弟一起高高兴兴地吃掉了它。

那么，热爱谜题的朋友们，你们知道聪明的图多是如何分出两块形状相同的狗头姜饼的吗？

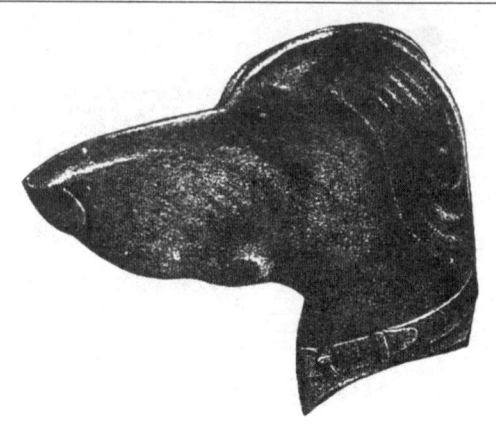

150 老锯新齿

通常情况下，谜题的编写不能避免这样或那样的问题，也时常会因为给出的条件不够充分，而被许多人看作是刁难读者。举个例子：一个木匠想要做两个中间有洞的椭圆形桌面，但他手里只有一块圆形的木板，所以需要切割这块木板重新拼凑才行，给出的要求是分割的块数是最少的。而这道题却因为没有给出椭圆的具体形状而备受人们的争议。

我在编写谜题的时候非常注重谜题要经得起人们的推敲，这也是我编了这么多谜题后所得到的非常有意义

的心得体会。比如上面那道题，运用逆向思维，改变所用术语，使谜题编写得更缜密，更充分。可以写为："两个有洞的椭圆要拼成一个圆形的桌面，怎样分割才能做到切割的块数是最少的。"

当然最开始的题目也是能够解答的，你如果感兴趣就拿出一个圆形，用尽可能少的块数去分割它，然后照着图中所示去拼合。记住，分块数一定要是最少的。

151 红十字女孩

从前有一个叫做贝特西·罗斯的人，因为一剪刀就能够剪出1颗五角星，而且还毫不费力，所以人们记住了他。后来他的一个直系亲属的小女孩，参加了"山姆大叔"的医疗救护队，也叫红十字会。部队里急需红色法兰绒，现有的只能省之又省，而护士又必须要佩戴红色十字袖章，这让许多人犯了难。最后还是那个聪明的小女孩解决了这个难题。1块正方形的布，剪成5条，拼成2个大小不一样的红十字，还没有浪费一点布料，解了燃眉之急。一道有趣的裁剪谜题也随之诞生。聪明的读者，你知道她是怎么做到的吗？

152 切割象棋盘

伟大的数学家、谜题家、世界国际象棋冠军拉克斯博士在圣诞节收到了一份礼物,一个小木匠为他制作的象棋盘。小木匠用自己心爱的工具大显身手,制作了这个十分精致的象棋盘。但我们的那些喜爱谜题的朋友们却为拉克斯博士出了一道难题,让他自己蒙上眼睛,来分割这个国际象棋棋盘。

我们不得不对拉克斯博士能否完成这个挑战持怀疑的态度,因为谜题要求棋盘切分成的小块大小和形状都不相同,看最多能切成多少块。棋盘大小 8×8,也就是只有 64 个正方形。棋盘沿着一条直线,我们就能分成 8 个正方形的、7 个正方形的,依次直到 1 个正方形。而要是想切成弯曲块,其中就会包含 2 个黑正方形或 2 个白正方形。除此之外还有很多很多种类。聪明的读者,快来开动脑筋,看看我们的拉克斯博士有没有把什么类型的木块给遗漏掉。

153 美国国旗问题

美国国旗最开始只有 13 条横条,但事实上却不是所有人都知道的。一艘船的桅杆上悬挂着代表美国的 13 横条旗,这艘船虽然突破了敌军的封锁线,但最后依然被敌方抓获。这件事发生在西班牙 - 美国战争快要结束的时候，而这件事也是一道有意思的谜题的由来。

因为肯塔基州和佛蒙特州正式加入了联邦，一项决定增加两颗星和两根横条的决议在议会被通过。这项决议被记载在 1794 年 1 月 7 日的一期《议会期刊》上。来自马萨诸塞州的三位先生就发表了三种不同的声音，莱曼先生认为这是对新加入州的逢迎拍马，撒切尔先生则认为"真是无聊"，而古德西先生更是说到"这样大张旗鼓地惊动议会是很不应该的，因为这完全是一件小事，根本没有必要"。而来自肯塔基州的格林纳普先生却说"两个新成员加入我们的国家是一件多么重大而有意义的事，必须要让全世界都知道"。

"用高规格来接纳新加入的肯塔基州和佛蒙特州是完全有必要的"，这个建议来自新泽西州的布迪诺特，最后议案被通过了。政府在 1794 年 1 月 13 日宣布，美国国旗上要有 15 条横条和 15 颗星星，这一决议在 1795 年 5 月 1 日实行。

23 年后，这项决议又被修改，变成：

"依据法令，从明年 7 月 4 日开始，美利坚合众国的国旗横条数固定为 13 条，颜色为红白相间，22 颗蓝底白星则代表联邦。法令还规定，旗上的星数要和联邦的州数相一致，新州加入后，增加的新星的生效时间是次年的 7 月 4 日。"这个议案是纽约州的文多弗先生提出的，并在 1817 年 12 月获得通过。

而谜题是把 15 条横条变为 13 条，并且要求材料还不能浪费。

154 外套做的棋盘

达克镇幼儿园的一伙黑人小孩背着约翰教授把他的外套做了一个跳棋盘,让约翰教授非常生气,他对跳棋俱乐部冠军说道:"把我的外套补好,否则我就惩罚你们。"这时迷糊国国王来访,正好看到这一幕。其实这个问题难度倒是不大,所有班级成员以及跳棋俱乐部的会员都被叫来帮忙,把约翰教授的外套中间的8块换掉。

黑板上有一道新谜题被英格玛公主和汤姆看到了,上面写着的字母 A、B、C、D、E、F、G、H、I、J 代表着1、2、3、4、5、6、7、8、9、0。你知道这些数字都是被哪个字母代替的吗?那么请你把字母用数字替换,算出这道题的结果吧。

155 希腊十字架

希腊有一道十字架谜题非常著名,所以我就根据这道题改编了一道分割类的趣题。对于解答分割谜题,就不能不提对图形的理解能力,抽象思维的能力和发散思维的能力,这些都能在解题中得到提高。

逆向思考问题有时候会变得很简单，但有时候却会增加解题的难度。比如这道题，你要做的就不是把一个十字架变成一个正方形，而是将正方形变为一个十字架。在没有"棱度"和"角度"的提示下，解答这道题就变得很困难了。

要把一个正方形分成4份，然后再组合成一个漂亮的希腊十字架，读者们，快来试试。

156 中国枷之谜

一块正方形的木板，就能制作出一种刑具，用的时候把刑具打开就能把犯人的脖子和手臂都锁住，这个刑具就叫做"枷"，如图所示。而根据这个可以拆分的"枷"，我们就又能编出一道谜题，而且这道谜题也能从两方面解答，这和其他的数学谜题没有什么不同。因为"枷"是用一个正方形木板做的，所以这个"枷"就也能再拼成一个正方形的木板。

要制作一个长方形的"枷"，首先拿出一张正方形的纸，分成两半，因为是刑具，要限制犯人脖子和手腕的自由活动，所以要在"枷"

上留出孔洞，而且要求纸必须全部用上不能剩余。前面讲过的，制作这个"枷"的两块木板还能再拼成一个正方形的木板。那么你在这道题上花心思最多的就应该是那三个孔洞的位置了。

鸡变"蛋"

一只胆大妄为的小鸡，飞出了鸡笼，兴高采烈地发表了自己的自由感言：我远离家乡，要同人类住在一起，谈恋爱是多么无聊，怎么比得上在后院里横冲直撞，到处惹是生非的好玩。每天清晨报晓的父亲乌斯特，那么威风，那才是我的偶像。抵制孵化器，去砸烂商店，它俨然成了一个捣蛋分子。

这只鸡最大的愿望是挑起动物世界的大战，因为它不认为自己是只普通的小鸡。这让人不免想起那个千古难题，孔夫子曾经提出：先有鸡还是先有蛋？

今天我们看到这幅图是因为我这里有一道谜题，把图中的这只鸡切割成两部分，拼成一个蛋，亲爱的读者，你知道切割的方法吗？

堂·吉诃德的风车

堂·吉诃德在谜题王国中也是很有名气的人物，他有时候自己到谜题王国中做客，有时候却是受到谜题王国的邀请，把他的远行故事讲给人们听。所以和普

通人一样，他也被谜题王国里的人们所熟悉，而人们最津津乐道的故事当然莫过于堂吉诃德"大战风车"了。

一天，堂吉诃德拿着自己一招打败"风车怪兽"的模型，要把它展示给迷糊王和漂亮的英格玛公主，让汤米代为转达。

一道有趣的谜题也就出现了。堂·吉诃德在展示他的模型的时候，给大家也出了一道谜题，这道题成功抓住了迷糊王和英格玛公主的主要特点，全神贯注地想要找到谜题的答案，侍卫们在一边把桑丘像球一样抛举也没有引起他们的注意。题目是这样的：如何把堂吉诃德的风车分为9块，然后组成一个正方形。这样一种独特的方法对于我们把几何学好是非常有借鉴意义的。

聪明的读者们，你们找到把风车改造的正方形的方法了吗？

大象拼图

一头大象据说可以活到60岁到70岁，它是哺乳动物中最长寿的动物了。作为群居性的动物，象群的首领是雌象，安排象群每天的生活。何处觅食，怎样行动，在哪栖息，活动的时间，这些都是雌象首领说了算。作为一种脾气温和的动物，大象称得上是憨厚老实的好好

先生，但如果激怒了温和的大象，你就只能自寻倒霉了，那"轰轰"的巨大响声说明那将是一场灾难。

这幅图中画的是一头静止不动的大象，想要让这头大象跑起来，在这幅切割好的图中，如何移动才能做到呢？

无言的亚克力

亚克力对谜题或者戏法表现出或者试图表现出察觉一切的行为，总是让人们无法忘怀，只要聚会上出现谜题或者戏法，他总会被人们想起。他知道问题答案的情况下会在所有人之前说出答案，不留给任何人机会，即便是不知道答案，他也要辩解出另外一个和它相近的谜题要比这个好上很多倍。波斯人有句俗语说的是："不懂装懂不招人喜欢。"说的应当就是他这样的人。下面亚克力的无言以对让人们感到十分好笑。

正打算和一位朋友说一个和几何分割有关谜题的哈里被无礼的亚克力打断了。在亚克力看来，这根本就是所有人都清楚的僧帽谜题。我5年前就向大家说过这样的谜题，那就是如何把这张纸分割为大小形状完全相同的四块。哈里却插嘴说道："我要大家分割出最少的块数然后拼成正方形，但是我把答案忘记了，既然有朋友知道，那就请他来为我们讲解吧。"

这个谜题还是有一定难度的，亚克力立马不说话了。分成很多的块自然不是什么难事，但要求是分割的块数要尽可能的少。

有谁可以帮助亚克力解决这个难题呢？

 铁十字勋章在古罗马的起源

如图所示，呈现在我们面前的这幅图画，它展示的是一尊失去了双臂的塑像，此人就是铁十字勋章的发明人泰陀斯·力威武斯，同时，他还是一名武将和历史学家。然而，这些表象都源自一个神奇的故事。

在传说中，凯撒·奥古斯都是罗马帝国的开国帝王，有那么一日，国王外出视察，途中与老武将泰陀斯·力威武斯相遇了，只见他晃动着仅存的一只臂膀向路人乞求施舍。看到这种情形，凯撒便命令队伍停止前进，走下战车问他，不是设立了十字勋章的光荣补偿金吗？怎么不去申领呢？泰陀斯·力威武斯回答说："我尊敬的国王呀！我只是一个不起眼的武夫，迟早会从人们的记忆中消失的。"听到这里，

国王把自己佩戴的勋章转赠给了泰陀斯·力威武斯，并补充说："假如你的另外一只臂膀也断掉了，就会同时拥有两枚勋章。"国王话音刚落，就见泰陀斯·力威武斯抽出了自己的佩剑，砍掉了他仅存的那条手臂！读到这里，你也许会问，

独臂的泰陀斯·力威武斯是怎样砍下自己那条仅存的手臂的？对于这个荒唐的故事，我们根本就没有必要去研究它的真实性，大家看一下他胸前戴的那枚勋章吧，这是一个圣·安德鲁斯的十字架。此时，我们的问题就出现了，要想把这枚十字勋章拼成正方形，最少应该分割成多少块呢？

 十字架的分割组合

第一，针对图中的希腊十字架，我们应当如何对其重新裁剪组合使其成为一个长方形，并且长是宽的2倍？或者就是反过来，把一个长方形分割组合成一个希腊十字架；

第二，利用右边的图形，分割出4个部分重新组合出一个正方形。

 巧剪五角星

若想把一个长方形变成五角星，其实并不复杂，只要用剪刀剪一次就可以了，你知道怎么剪吗？

巧拼菱形

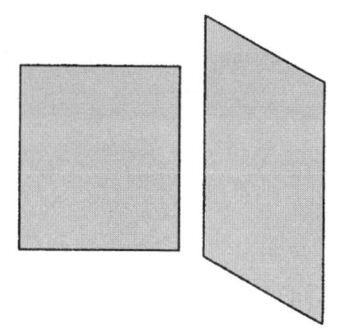

这是一个有趣的题目,只要有一把剪刀和一些如图一样的平行四边形与长方形的纸板,你就可以随时随地用一两个小时的时间来自娱自乐。

题目是这样的,用剪刀将纸板一分为二,然后把这两部分重新组合成一个菱形,根据要求分开后的这两部分面积必须相等。假如这是两个面积相同的平行四边形和长方形,那它们重新拼凑后所得的菱形,也应该有同样大小的面积。

要想证明拼成的菱形与之前两个图形的面积相等,在不浪费纸张的情况下。单靠剪裁是很难办到的,大家快来开动脑筋吧。

有趣的轿子

一位有着多年中国生活经验的人,只要一提到交通工具他便会告诉你:"中国的轿子很舒服,被抬着走来走去要比骑马方便多了。"

下雨时,人们会放下轿子的封帘,为了不被雨淋到,所有的缝隙都必须盖好。就这样,一道

趣题出现在了我的脑海里。上面画的是轿厢的侧面图,我想把它改成一个正方形,最少要分割成多少块呢?

巧锯桌面

图上画着两个木工师傅,他们正准备把一张废弃的桌面改成一扇小门,安装在新建的狗窝上。你知道他们应该怎样分割吗?最少要割成几块?

队伍的排列问题

我们来看下面这幅图,有8个孩子,他们以性别为间隔站成了一排。现在我要调整队伍了,把4个男孩调到队伍的一侧,让另外4个女孩排在另一侧,最后这8个人仍然成一排站立。

解决这个问题只需要4步,让紧挨的2个孩子一起挪动即为1步。

168 小丑演员的把戏

舞台上，小丑演员在交替抛掷五个三角形，观众们都为这场精彩的演出而鼓掌喝彩。表演结束了，小丑演员来到了后台，他用剪刀将其中的一个三角形一分为二，再把它们重新拼凑之后居然得到了一个正方形。

你也来剪出五个直角边长分别为1**厘米**和2**厘米**的三角形吧，把其中的一块剪成两块后与那四个三角形拼凑在一起，你知道应该怎样拼才会得到一个正方形吗？

169 边边角角的问题

如图所示，把这边边角角分成三部分，然后重新组成四个正方形。

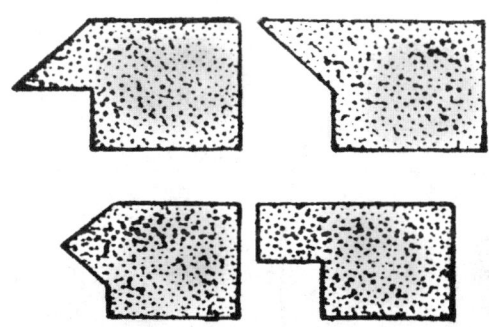

170 拼凑圆形谜题

如图所示的碎片，在艾姆贝里教授看来，可以用它们拼凑出一个圆形图案，但是十分困难。大家不妨动手试一试。

171 鹅的故事

我想很多人都听说过这个关于鹅的故事吧，讲的是一只鹅研究世界上究竟是先有的鹅还是先有的蛋这个问题，很长时间都没有得出结论，于是它急得脸全都变黑了。通过这个故事，我要引出的题目是，有一个形状与鹅相似的纸板，要将它改拼成一个酷似蛋的卵圆形，应该怎样剪裁和拼接？反之，如何剪裁一个卵圆形的纸板才能拼出鹅的形状？快来动手试试吧，这对你思考某些哲学问题会有一定的帮助。那么，你是怎样顺利完成这个游戏的呢？

古埃及的谜题

传说古埃及的一位国王嫁女儿的方式很特别，谁要是能切割出一个木制的完全立方体容器，使一个圆球、一个正四面体以及一个正六面体可以嵌到其中，谁便能拥有迎娶公主的资格。这个故事被记录在很多律诗与散文中，而且还出现了很多不同的版本。题目出现后很多信心十足的数学家、科学家、学者以及众多博学之人都想要一试，可是直至公主离世该问题也未被解答出来。

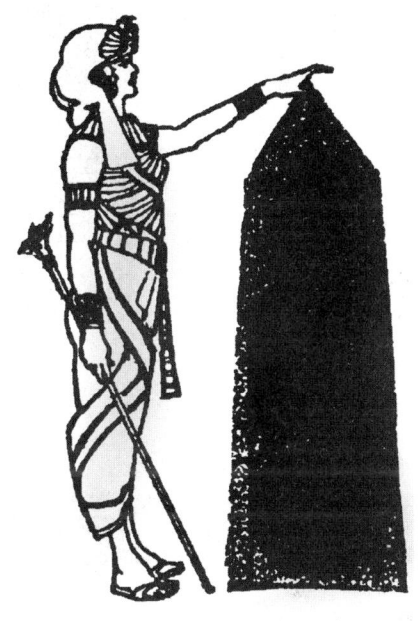

与当时的古埃及人相比，现在的解谜高人应当是技高一筹吧，解答这个题目或许还是有办法的。虽然不用把这个立方体真实地切割出来，但是纸上的工作还是要做的。为了把圆球、正四面体以及正六面体镶嵌进立方体，你需要用切割线去标记。

173 分割木料

如图中，我们看到木工师傅正在揣摩一块质地很好的板材。顶端小正方形面积的81倍就是整块板材的大小。换句话说就是，假设顶端是一个边长1厘米的小正方形，那下面就是一个边长为4厘米和一个边长为8厘米的正方形。他想得到一个边长为 9 厘米的正方形的窗门，在以节约木料为前提的实际操作中，他最少要将板材分割多少块？

174 分割马蹄铁

如图中有一块马蹄铁，只需切割 2 次，就能让每一块碎片上只有一个钉眼。

第六章
重量、体积、面积和线段谜题

175 天平的平衡原理

春秋末期，制造天平与砝码的技艺水平已经很高了，出现天平这种古老的衡量器，说明科技水平是不断发展的。看起来简单的天平却蕴藏着深奥的原理，在天平两端同时增加或者减少等重的物品，天平是不会失衡的。右上图中展示的是12颗玻璃球与3个立方体加1个陀螺等重，而右图中展示的则是1个立方体加8颗玻璃球与1个陀螺是等重的。

按照上面的条件，如右下图所示，把一个陀螺放到天平的一端，若要天平平衡，另一端需要多少个立方体或者多少颗玻璃球吗？

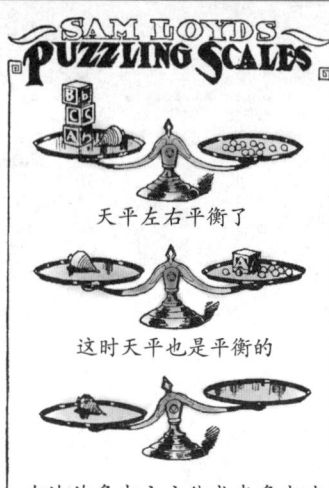

天平左右平衡了

这时天平也是平衡的

右边放多少立方体或者多少玻璃球，天平才能平衡。

176 抬驴谜题

为了不让别人笑话，抬驴的父子两个人必须把重量分配适当才好，这是伊索曾经说过的话。

有位教师看到了抬驴的父子2人，他认为对于总质量为220千克的驴，强壮的父亲应当多分担一些才好。合理的分配应当是父亲分担125千克、儿子分担95千克。假如杠棒的长度是2.25米，合理的位置在哪里？

177 猫有多重

大卫家那几只小猫是出了名的调皮鬼，家里总是被它们搞得乱七八糟。

这天调皮的小家伙儿们在天平上开心地玩着，大卫很好奇它们有多重，于是便称了一下它们的质量。3只小猫与4只大猫重18.5磅[①]，而4只小猫与3只大猫重16.5磅，这些便是大卫得到的结果。

那么小猫与大猫的质量分别是多少呢？

178 钓鱼者的体重

图中展示的是本赛季被钓上来的最大的鱼，钓鱼冠军说秤是9磅重，鱼的质量被称出来是3磅，等被去掉鱼鳞后，无鳞鱼的质量便是鱼鳞的5倍。

秤的质量是无鳞鱼的4倍，若钓鱼者能够举起相当于他体重十分之一的质量，那么他的体重是多少呢？不用考虑鱼的因素，钓鱼者的体重你能求出来吗？

---

① 磅是质量单位，1磅 = 0.4536 千克

 179 婴儿的体重问题

奥图勒夫人极为吝啬,但她很想知道婴儿的体重,她更想用一分钱的花费称出大家的体重,当然也包括狗和她本人的体重。称量之后得出,大家的总体重为 85 千克,狗的体重比婴儿的体重轻 60%,狗和婴儿的体重总和比她自己的体重少 50 千克,亲爱的朋友们,请帮忙算一算婴儿、狗和奥图勒夫人的体重吧!

 180 称体重的妙法

下面这道源于生活的谜题对于大人来讲也是很有吸引力的,那些经验丰富的人最容易被这个题目迷惑,面对该谜题可能会束手无策,而聪明的学者还是可以

应对的。

两个人一起站到体重器上，每个人的体重通过轮流交换都可以准确地测量出，同时孩子们的大脑也得到了锻炼。这些小女孩成对去测体重，得出的结果分别为 114、116、118、120、121、122、123、124、125 以及 129 磅。这几个小女孩肯定都很聪明，因为她们能够想出这个问题的答案。

亲爱的朋友们，你们是不是也很聪明呢？那么每个女孩的体重分别是多少，你都能说出来吗？

 砖头的质量

如图，把一块砖头放在天平的左边，而天平右边放入的质量则是 $\frac{3}{4}$ 块砖头与 $\frac{3}{4}$ 千克的砝码，此时，天平是平衡的。那么你知道左边那块砖头有多重吗？

 ## 纸箱重量

有个纸箱，它的侧面由于损坏出现了一个小窟窿。有只鸟儿从这个小窟窿里飞了进去，为了寻找出口，鸟儿在里面不停地飞着。已知，这只鸟的质量为20克，那么这个纸箱的重量会如何变化呢？

183 奇妙的称量方法

最近一本与旅游相关的古书被我不经意间翻到了，远东殖民地中古老的交易方式被生动地描绘出来。诸如大米、糖与烟草此类的大宗货物盛产于这些远东的岛屿，

这些农产品被当地人种在小片土地中,日用百货便是用它们换回来的。

书中提及的一杆特别的秤引起了我的注意,收购农产品时,商贩们用的便是这种"秤"。"秤"是由一根平衡杆、四个大小不一代表不同质量的金属环组成的。

这些金属环被商贩们套在手臂上,从 0.25 磅 ~10 磅之间的东西都能用这些金属环称出来。一些谜题中用力平衡测重的方法很常见,但都不如该题目中的方法巧妙,通过这种奇妙的称量方法,货品的质量被商贩们精准地称出来。

那四只金属环分别重多少你能求出来吗?

184 感恩节的买卖

这个谜题改编的灵感来自于感恩节那天的买卖交易,谜题中药剂师夏洛克葱绿被自己的狡诈弄得难堪的样子是很有意思的。为了迎接感恩节,药剂师从邻镇的屠夫那里订购了一只火鸡,屠夫把火鸡寄送了过去,一张写有价格的单据也附在里面,屠夫特别指出他的火鸡是每盎司 1 美分。

当问及火鸡的重量时,屠夫让夏洛克自己称,并且按照称出的重量结款。夏洛克早已预谋好了,便在称完之后说火鸡的重量太少。

憨厚的屠夫竟然相信了夏洛克的说法。并且他要在药剂师的杂货店中带回点东西,在得知了岩盐每磅 3 美元之后屠夫决定买一些,并且他要求在自己的秤上也要称一下，然后再支付抵完火鸡的账之外的钱。

夏洛克以为屠夫的秤是对他有利的，所以他便欣然接受屠夫的建议，可是出乎意料的是屠夫称出来的结果是少的。

也许会有人觉得题目给出的信息太简单，不过火鸡抽奖销售现场的那些行家们真是令人佩服，他们总是轻而易举地赢走火鸡。我坚信我们的猜谜爱好者们一指点就能够猜出火鸡的重量，赶紧试试吧。

嘉利小姐的体重

挂在两棵树之间的吊床忽然断开，这下可把嘉利·维特小姐给摔疼了。

一根绳索最脆弱的部分决定它能承受的最大重量，如果断开的绳索被发现的话，嘉利的体重也就知道了，这里每根绳子能承受10磅的重量。

细心的朋友们，你们知道嘉利小姐的体重吗？

羽毛与黄金

这个趣题是世代相传的，它那为人熟知的答案的正确性是毋庸置疑的，没错，"一磅就是一磅！"不过最近一个来自波士顿的小猜题迷给出的答案却令他的老祖父都心服口服了。

诸如 6 磅黄金与 72 磅羽毛在重量上有何区别此类的问题总是出现在我们身边,而我们也将毫不犹豫地讲出答案。这个问题在 1614 年出现之后一直没被证明过,有时提出问题的人为了鼓励大家正确作答不得不采用奖励等方式。

在这个题目中我将古老的例证再次放到人们眼前,希望可以唤起人们对它的兴趣。我的目的也很单纯,只是想说明我们的猜谜爱好者们一定是忽略了某种东西。72 磅黄金与 864 磅羽毛的重量到底有何区别呢?请认真思考一下。

187 阿基米德和皇冠

相传西西里王希罗尔命令宝石匠为他制一顶重 63 盎司[①] 的金冠。尽管做好的金冠分量丝毫不差,但多疑的国王总是觉得宝石匠用银子换走了黄金。

在现代文明社会,卖掉金器时你可以找试金师帮忙,他会用

---

① 盎司是质量单位,1 盎司 = 28.3495 千克。

试金石划几下金器，金子的痕色并被留在试金石上，由于金子的纯度与防酸性成正比，所以往试金石上涂些酸，再对金子被腐蚀的时间进行观察便可以了。

这种测试方法在希罗尔那个时代是不存在的。于是国王与阿基米德都在为寻找这个问题的解决办法而苦恼。

到底是谁找到解决办法的观点还存在争议，据说是国王在洗澡时发现奥秘的，和空气中的金冠相比，水中的金冠似乎要轻一些，于是国王的聪明才智被后人赞颂。事实上金冠的质量还是63盎司，只是在水中称的时候，减少的是8.2245立方英寸的水质量。

每立方英寸的金的质量是10.36盎司，每立方英寸的银的质量为5.85盎司，这些都是我们知道的。所以要想替换8.2245立方英寸的纯金，那么就需要85盎司以上的银子，而王冠是63盎司。若王冠全是银质的，那么8.2245立方英寸的银子质量为50多盎司，这样一来质量又减少了。

通过这些条件，算出宝石匠贪了多少金子也并不困难，假设每盎司的纯金值21美元，每盎司的银子的价格为61美分，现在宝石匠到底私吞了多少钱财也可以被我们算出了。

几千年来人们对于宝石匠侵吞的钱财数一直很好奇。当时最伟大的数学家与哲学家便是阿基米德了，在攻陷特洛伊城时，用镜子反光烧毁敌人战舰的方法也是被他想出来的。许多机械都是他发明的，"只要给我一个支点我将撬动地球"是他的壮志，遗憾的是金冠问题他却没来得及给出答案。

188 钻石与红宝石

大家知道，无论是钻石还是红宝石都是价格昂贵的珍宝。价格若以重量的平方数依次增长的是钻石，价格若以重量的立方数依次增长的则为红宝石。换一种说法就是，假设100美元是1克拉高级钻石的价格，400美元就是2克拉钻石的价格，而 900 美元则是 3 克拉钻石的价格。假设 200 美元是 1 克拉高档红宝石的价格，而 1600 美元则是 2 克拉红宝石的价格。也许你会说，宝石价格高低的关键因素取决于它的质地而并非是重量，当然啦，上边举出的例子都是在质地完全相同的情况下进行的比较。

接下来的故事是，一个商人讲述的自身经历。以价格为 100 美元的 1 克拉钻石为底线，用一对同样大小的钻石耳饰作为两颗宝石的交换对象，对于这两颗大小不一的宝石的重量，他基本上可以做到心中有数。当宝石的重量为整数时，那它的最小值应该是多少呢？（注：在国际上，钻石和宝石的重量都用克拉标示，200 毫克 =1 克拉）

189 古格尔黑姆的火鸡

布朗太太与史密斯太太是古格尔黑姆的老顾客。相隔甚远，古格尔黑姆就告诉她们，这里仅剩 20 磅的火鸡了，并且大火鸡比小火鸡每磅便宜两美分。布朗太太买大火鸡花掉两美元 96 美分，

而史密斯太太也花费 84 美分购了小火鸡。

也想买火鸡的琼斯太太来迟了,可是就算买不到,她也想知道价钱等情况。你能帮帮琼斯太太吗?赶快告诉她小火鸡与大火鸡分别有多重?

 与荷花相关的题目

要想长时间并且清晰地记住所学的知识,与其默默刻苦钻研,不如寻找巧妙的方法理解数学定理从而有助于记忆。著名的数学家朗费多就说过要想激起学生们的学习兴趣,数学命题就要用一些有趣的方式转换一下,这是教条地遵守教科书规则远不及的。

数学涉猎较广,被广泛运用到科学与文化艺术中,因此它也被认为是高等院校中最重要的一门学科,不过学生们总是觉得数学知识在毕业后就被遗忘了是很可惜的事。

1849 年出版的《卡瓦纳》是朗费多在担任哈佛大学现代语言系主任时期写的,一个与荷花相关的题目在此书中出现。他用浅显易懂的语言,使完全不了解几何的人也可以通过直尺或者圆规解答题目。一个几何定理也被阐述出来,尽管那种阐释方法令人难忘,但巧妙的表达方法还是没被那些毕业生掌握。

我不记得题目的详细内容了,大概的内容是湖中一朵荷花露出水面的花枝有10厘米长,一阵风吹过,荷花摆动时触碰水面的点有21厘米远,按照这些内容,你是否能求出这个湖的深度呢?

191 环带状田地的宽度

在实际生活中解决一些难题,那些并不懂数学知识的劳动者与技术工人同样做得很好。为了证实这个观点,请大家认真看看难题是如何被这两个聪明的农民解决的。

德州一位拥有大片土地的农场主感觉无力耕作全部田地,于是他便把部分土地租给邻居耕种,邻居也承诺愿意共同承担盈亏。这里有一道脊土横穿这块长2 000码、宽1 000码的土地,于是他们两人便决定不采用中间分割的方法,而是先围绕这块地划出一条环带状地形后再将总面积分成两半。

我相信这条环带状土地的面积很快就会被热爱谜题的你们猜出来,就像身穿格子衫的农民已经知道如何运用四方形土地规则一样,适用于任意四方形土地的简单规则也一定能够被你们发现。

192 足球的大小

足球可是现在最合适的一个话题了，还记得一位诗人曾经写过一首诗，内容大概是这样的：

棒球赛季结束了，人们陷入了无聊的状态，直到足球队员们出现，人们重新恢复活力。

回忆我的中学时光，小腿与肋骨被全副武装并不常见，脚便是我们踢球的工具，所以这项运动被称作足球。踢球时我们懂得把握分寸，所以伤残现象并未出现，这一点明显已经赶不上当今的运动潮流了。曾经在队医的指导下，我尝试着解决过一个与足球有关的题目。

当然，"高球"、"地滚球"以及"悬空球"等专业语言不会出现在题目中，这个题目唤起的是我们童年时期在草地踢球的记忆。当时住在乡村中，订购足球通常要使用信件，那种老式足球的制作材料是软橡胶。经营体育用品的商店希望客户可以说出足球准确的尺寸，问题也是在这个时候产生的。这里说的尺寸我们并不能说清是足球的表面积还是它的体积，我们只知道尺寸要以英尺为单位，于是我们便说定制一个体积的数值与表面积的数值相同的足球。

聪明的谜题爱好者们，你们谁能告诉我这个足球的直径到底是多少吗？

193 与月球相关的谜题

人们在探究与月亮相关的趣事时总是难以控制地被诱惑，人们会毫不犹豫地去相信一切与之相关的事情，比如上世纪早期的那个月球骗局。这个事件的罪魁祸首是

一台望远镜，有些人说月球上最细小的颗粒物也能通过此望远镜被我们观察到。很快那些虚假的新闻报道引起人们的关心，策划者们的讲述生动逼真，以至于人们真的被那些不存在的月球居民生活图景所欺骗。

作家们与理论家们对月球的研究热情一直从远古时期持续到现在。

《疯狂的奥兰多》是4个世纪之前的伟人阿里斯托的著作，他对现代文学的贡献之一便是讲述了那个发生在月球上的精彩故事，不过这些传奇月球故事中最为刺激的要数儒勒·凡尔纳对空间游行的描绘了。19个小时完成热气球旅行，这是埃德加·艾伦·坡的《鹿特丹》中的主人公汉斯创造的速度最快的旅行记录了。这个记述全面的旅程是满腹经纶的斯皮尔伍德教授写出来的，他已经装好行李准备出发了，他坚信自己到达一定高度后便可以成功摆脱地球引力，然后他将只受月球引力的影响。

这里有一团直径为24厘米的缆绳，缆绳的直径为$\frac{1}{100}$厘米。这团缆绳的长度很难看出来，你是否能通过常识找出问题的答案呢？

丹麦国旗的谜题

如图所示,红底上印着白色的十字,这就是丹麦的国旗,其中红色的面积和白色十字的面积相等,这是国旗制作的规律。

假如旗帜的大小是 7.5米×5米。

那么,要使得十字的面积占到整面旗帜的 $\frac{1}{2}$,它的宽度要达到多少?

石磨的面积

有时简单的方法也可以轻松地解答难题,下面要为大家介绍的谜题便说明了这个道理,这个道理也有助于我们的日常学习。

这里有两个叙利亚人合资买了一块磨石,不过他们的住处相隔较远,于是两人想出了一个方法，让年长的人先使用石磨，等到石磨的面积减少到一半时，另一个人再接着使用。

如图所示，这块石磨的中间部分准备安置把手的那个洞有 $3\frac{1}{7}$ 英寸，石磨的直径是 22 英尺。

当石磨转给另一个人使用时，你能说出此时它的面积是多少吗？

196 三角形的地段

这个题目与边长不同但面积相同的直角三角形相关。比如面积都为 210 平方厘米的直角三角形的三边长可以是 12、35 与 37 厘米，也可以是 21、20 与 29 厘米。

现在有另外一个面积是 3 360 平方厘米的直角三角形，并且已知它的边长为三个不等的整数，那么符合这样要求的三角形的边长是多少？

197 无偿圈占土地

美国人早在1830年就举着开拓的旗帜侵入德克萨斯,然而它真正归入美国却是在长达15年的墨西哥人与印第安人战争之后。很快这里便开始实施占地法令,即开拓者在一年内耕作的或者圈占的所有土地都归他所有。

尽管早期的开拓者遇到过很多艰辛,不过他们的后代也算是出人头地了,现在世界最大畜牧行业中都有他们的身影。甚至印第安人成为某些最富饶土地的主人这一消息最近也被公布出来了。西部那些大牧场中,畜牧规模如阿基米德那样的倒不怎么令人吃惊,不过印第安人得克萨斯·皮特的牧场总是引起人们的注意。这位混血印第安人可是最早那批占领牧场的人之一呢,在那一年中,他获得了自己在一年内圈住的土地的所有权。

他当年虽已70高龄,但圈地时精神饱满,他与妻子整整一年都在辛勤建造那个有三根横杆子的栅栏,因为他们清楚地知道这些圈住的土地即将属于他们。

接下来要介绍的题目的灵感便来自这个故事,假如这是一个正方形牧场,并且是被三根12英尺长的横杆圈成的。如果圈牧场所用横杆的木头数目与牧场的英亩数相等,强调一下一英亩①就是43 560平方英尺,通过这些条件,你能求出皮特的牧场的面积是多少英亩吗?

---

① 英亩是面积单位,1英亩 = 4.0469×10^2 平方米。

198 林肯"圈地"

当少年时期的林肯被问到用图上那12根横杆可以围出多少土地时,林肯的回答是要取决于横杆的长度。

土地的形状是问题的关键,尽管合适的形状为正方形,但要想使用尽可能少的围栏圈地,那么土地的形状越靠近圆形越理想。一个既有趣又有意义的问题也被涉及到了,假设每根横杆长16米,这里有12根这样的横杆,那么能圈成的最大面积是多少呢?围成正方形后的面积是2 304平方米,但是围成圆形才是最好的。

这个问题可以用来阐释求圆面积,分数使我们难以得出理想的答案,难理解的分数问题在题目中也被阐释出来。

199 湖的面积

莱克伍德在参与土地拍卖会时,一个与买方的钱买到的土地数量的问题使我空手归来。墙上广告介绍的是土地有560亩,一个三角形的湖被包括在内。图中展示的是被拍卖的三块面积为560亩的土地,但是湖的面积没有标出。这560亩之中包不包括湖的面积以及这个湖的面积都是我想了解的内容。

在拍卖商那里,我们没有听到准确的信息,只是模糊地了解到三块地的面积是560亩"左右"。对于他的解释我并不满意,却也不想和他争辩,于是我便亲自去考察,之后才发现原来那是一片沼泽。

下面要为爱好此类谜题的朋友们出一个题目,这里三块面积分别为74、116、370英亩的正方形土地围出了一个三角形湖面,问题便是求解湖的面积。看到这个题目,那些数学基础好的人一定会很开心,因为只要运用普通的方法,这个题目的准确答案便被得出。

200 铺餐巾的妙计

办公室的一个男孩对贝蒂斯·罗斯的切割技术不屑一顾,他觉得那种简单的戏法,根本不值得炫耀。就算是餐厅的工作者,也可以积累许多工作技巧。

玛吉前些天给我讲了一个谜题,这里有三张12英寸的餐巾,用这三张餐巾可以遮住多大的一张正方形桌子?

要想知道能遮住多大的正方形桌子,你没有捷径可走,只能用重叠或者平铺的方法。若是将正方形桌子面积写信寄给我,无论答案是对还是错,我都会回复你的。

201 节俭的工匠

为了不使生活陷入困境，薪资不是很高的工匠们总是十分节俭。他们十分擅长计算，工作中的材料总是被他们充分利用。

一位铜匠制造一个 1 000 立方英尺的水罐，铜片价格不菲，但是铜匠还是想花费最少的钱使水罐的容量达到 1 000 立方英尺，所以他尽力节约开支。

这个问题不简单，你能想出他到底是怎样做的吗？

202 混合茶叶问题

东方人混合茶叶被认为是极其精准的科学，精准程度已经达到要用一盎司的百万分之一来算混合茶叶的过程。几百年间，那些混合茶叶的配方一直被有名的茶园种植户们掌控着，人们很难了解到。

为了将混合茶叶的重要意义与精准性展示出来，一个与两种混合物有关的简单谜题引起了我们的关注，定量品种混合问题的复杂程度也在此谜题中被揭示出来。

两个尺寸不一样的方形容器已经送到了工作人员的手中，这两个容器是分别为装红茶与绿茶准备的，现在这两种茶已经被他混合起来，并且被填充在 22 个方形木盒子中。那么你能答出红茶与绿茶各占多少比例吗？

是不是觉得这个问题太简单呢？事实也是如此，它只需要我们去求解符合上述条件的两个大立方体的尺寸而已，你可以想出一千种方法来解决这个问题。一小箱绿茶与一大箱红茶混合后填入 22 个小木箱内，说出绿茶与红茶的比例将是你要掌握的问题。

203 柏拉图方块

各类报刊杂志上常常登载一些得洛斯人的故事，诸如将方块体积增加一倍此类的问题必被包括在这些故事中。一次瘟疫在公元前 432 年袭击了雅典人，聚集在神庙中的人们向神灵祈祷，太阳神阿波罗告诉他们，要想消除瘟疫，神庙中的金质祭坛必须要增大 1 倍。无力解决这个难题的雅典人为寻求帮助，便去拜访苏格拉底的学生柏拉图。伟大的哲学家与数学家柏拉图感到十分痛心，如此大的雅典城连一个能解答此问题的人都没有，他还指出正是人们对神圣几何的忽略才遭受到瘟疫的惩罚。

如何再复制一个相同的方块是得洛斯人遇到的此难题的根本所在，只是柏拉图方块问题与这个问题易混，尤其是那些对数学知识不熟悉的人往往会在这方面栽跟头。前者也被称作柏拉图几何数，不过有人会说该数的定义不全，这可能是该数的起源在历史文献中很少被提及的缘故吧。

其实柏拉图几何数的故事早已被古希腊作家记录过，并且以数学科学为基础的宗教哲学的建立是柏拉图的一大贡献。为纪念那些被他定义的神学准则，大量纪念碑也被竖立起来。

其中一块体积宏伟的正方体纪念碑就竖立在广场中间，这个广场是由地砖铺设而成的。人们的脑海中早已开始思考它与柏拉图几何数的关联了，并且此问题的历史起源是不必怀疑的。如图所示，坐在广场高处的柏拉图的视线一刻也不离开他的大理石纪念碑了。广场以及上方的纪念碑都是用大理石小方块建成的，并且两项工程所需地砖数量一样，并且这样的地砖大小完全相同，那么你知道这两项工程共需要多少块地砖吗？

204 邮递箱子

"朽木"特快列车在淘金区停留，帮一位年轻女子捎来两个盒子，为了邮资的问题，女子的爱慕者们与邮递员争吵起来，这一幕"疯狂西部"的场景被用图片描绘出来。

两个盒子有一个在马车中，另一个能在图中找到。

邮送箱子的运费标准是每立方英尺 5 美元，邮递员想根据这个标准收费，而那位矿工反对的理由则是矿业法的规则是收费要看箱子的纵长英尺，而不是采用令人们难以理解的体积收费标准，这才是问题的关键。最终邮递员还是妥协了，按照测量的长度收取费用，标准则是每英尺5美元。

两个都是正方体的箱子，大箱子的高度是小箱子高度的2倍。当两个箱子的长度被测量之后，邮递员发现按纵长标准与按体积标准收费的结果几乎可以忽略不计，这便是此谜题的奇妙之处。

请爱好谜题的朋友们开动脑筋，回答下面这个趣味十足的问题吧，问题便是两个箱子的大小各是多少呢？

205 混合奶问题

最近，一位送奶工遇到了一些麻烦，这位送奶工经常自夸自己诚信经营，保证使消费者满意。只是牛奶储存不够，不能满足消费需求，并且很多人的生活也受到了影响。

送奶工为了摆脱困境，也为了保证每位消费者都能买到牛奶，他经过深思熟虑之后决定往牛奶中掺入清水。

认真寻找了好久他才找到一口清澈的水井，于是他便用桶装满了清水，这些清水加入奶中便可以满足大家的需求了。

以往两桶奶的价钱分别是 10 美分/夸脱与 8 美分/夸脱，一个有趣的谜题就在他巧妙地混合两桶奶时产生了。

这里有装着水的 1 号桶与装着牛奶的 2 号桶，1 号桶中的清水倒入 2 号桶，此时 2 号桶中的液体体积比先前增加一倍；接着 2 号桶中的混合物被倒进 1 号桶，倒出的液体于先前 1 号桶存留的水等体积；为了使浓度达到满意的程度，最后的步骤就是从 1 号桶再取一些混合物放入 2 号桶，2 号桶里的牛奶便比水少 3 夸脱了，不过此时两种混合液体的体积相同。

三次混合便能得到满意的液体，这看起来并不难做。若纯牛奶的成本是每夸脱 2 美分，这两桶混合物最终被他销售出去，一夸脱的液体的价格分别为 10 美元与 8 美元，那么你能算出他获得的利润是多少吗？

206 送奶工的问题

一位送奶工常常用这道谜题哄逗他的顾客，快看，他正在给一群放学回家的孩子们讲这个谜题呢。

1 号桶中装的是纯水，2 号桶中装着奶油过量的牛奶。为了稀释牛奶，1 号桶中的液体被加到 2 号桶

中，于是2号桶中的液体加倍；接着2号桶中的混合物被倒入1号桶，此时1号桶中的液体加倍；最后为保证两个桶中的液体体积相等，1号桶中的液体被倒进2号桶，此时2号桶中水比牛奶少1升。

那么1号桶中的水比牛奶少多少呢？请好好思考一下吧。

狡猾的送奶工

这个题目与送奶工混合奶十分相似。

每天清晨两个16加仑的大桶都会被送奶工装满纯牛奶。他每天要为居住在四条不同街道的顾客送奶，并且每条街道供应的牛奶量是一样的。送完第一条街后他便去供水站填满他的牛奶桶，接下来送完第二条街的牛奶后还回供水站加水，这样的过程直到顾客全部拿到牛奶为止。

假设全部顾客都拿到了牛奶，此时还留有40.5夸脱的纯牛奶，那么每条街道获得的纯牛奶你能计算出来吗？

208 酒商酿酒

在荒郊野外偷酿"威士忌"是非法行为，这些非法酒商总是会运用一些小技巧来应对非法交易，这道谜题就是为了说明这种事情的。

那个卖蜜人的故事我们可能很熟悉，故事讲的是卖蜜人碰到一个想买4夸脱蜂蜜的顾客，但是他带的两个罐子分别是3夸脱与5夸脱的。要想称出4夸脱的蜂蜜，我们必须要考虑一番了。

今天我们要解决的谜题与酒有关，已知此非法酒商的两个量器分别为4加仑与2加仑。酒商需要用最简便的方法量出价值21.06美元的"威士忌"，并把它装入26加仑的小桶中，酒商的材料便是一桶31.5加仑的苹果酒以及一桶白兰地。苹果酒的价钱为1加仑17美分，而白兰地的价格是苹果酒的5倍。

非法酒商若想完成这项任务，那么他需要操作多少次呢？

209 打铁匠

我的婶婶找到一个打铁匠想让他做一个平底桶。这个桶要有 12 英寸深,桶口的直径为桶底的两倍,25 加仑[①]的啤酒刚好能装满它。婶婶还想再配一个盖子,所以你要求出桶口的直径是多少。

分析上面的数据,题目的要求就是要你求出 12 英寸[②]深,容积为 25 加仑的啤酒桶口的直径,1 加仑与 282 立方英寸相等是我们已知的。

210 市场督察的困扰

琼斯督察的任务便是保证整个镇中度量衡的精确性。最近他遇到了一点困难,这里出现了两个不准的秤,称重的时候秤的支点偏离中心,但展现的却是平衡状态。那些粗心的杂货商很可能会忽略这些问题的。

① 加仑是体积单位,1 加仑 = 3.7854 升 = 3.7854×10^{-3} 平方米。
② 英寸是长度单位,1 英寸 = 2.54 厘米 = 2.54×10^{-2} 米。

聪慧的本杰明·富兰克林曾说过仅仅从表面分析某个案例肯定是不适宜的。以图画的形式讲述是作为一个专业谜题撰写者的责任。

第一个实验开始，3个三棱锥被放置在长臂上，另一端需摆放8个立方体才能保持平衡。第二个实验中，1个立方体被放在长臂上，而另一端放6个三棱锥才不会失衡。

若1个三棱锥重一盎司，那么8个立方体重多少呢？请好好想一下吧。

211 卖牛奶老人的困惑

任何经营在具体实施时都会碰到难处。对于做买卖来说，经验不够丰富是不能够称自己是精通者的。憨实的约翰说卖牛奶方面的任何问题他都能解决。

不过那次意外还是令他大吃一惊。那天他带着两桶10加仑的牛奶出去了，这时两位女顾客分别带着5夸脱与4夸脱的容器来买牛奶，她们需要的牛奶量都是2夸脱。

约翰遇到了困惑，赶快帮帮他吧，你知道该怎么做吗？

212 巧用容器

谜题的背景是一群穿蓝色衣服的小伙子在古巴的一次活动中发生的故事。这道与巧用容器相关的谜题不过是那个"卖蜜人"故事的延展。

在这个故事中，一桶啤酒被那些小伙子在一次觅食过程中捕获了，这桶啤酒足足有 10 加仑。品尝之后，剩余的酒被分成三份，一份还存在原桶中，一份被放置在一个 3 加仑容器内，另一份则被存放在一个 5 加仑容器内。在没有借用任何工具的情况下啤酒被等分了，那么他们究竟喝掉了多少酒？他们又是如何把酒分成三份的呢？回答这些问题对你解决此类问题很有帮助。

001. 怎样正好敲击

要得到50点，只需把身上标有6、19、25的三个小人偶击倒就可以了。

002. 投票难题

用 x 表示投赞成票的人数，y 表示投反对票的人数，列出方程就是，求结果得出 x、y 值分别为84和63，因此一共有147人参加了投票。

003. 笨拙的三个小孩

把标有6的数字倒立过来变成9，这样就能排出可以被7整除的931。

004. 擦掉的数字（一）

$$\begin{array}{r} 853 \\ 749 \overline{)638897} \\ 5992 \\ \hline 3969 \\ 3745 \\ \hline 2247 \\ 2247 \\ \hline 0 \end{array}$$

005. 擦掉的数字（二）

$$\begin{array}{r} 70 \\ 13 \\ 6 \\ 5 \\ 4 \\ +\ 2 \\ \hline 100 \end{array}$$

$$\begin{array}{r} 24\frac{3}{6} \\ +\ 75\frac{9}{18} \\ \hline 100 \end{array}$$

这样解答有很多种。

006. 神的旨意

山羊和绵羊的头数都是9。9×9=81，可是在镜子里看到的81就是18，刚好是两者的数量和。

007. 马戏团里的所见所闻

因马和骑手一共有36个头和100条腿，很容易算出有22位骑手和14匹马。又根据题意，动物园的动物共有20个头和56条腿，而在插图中，我们能看到7

只鸟和10只四足动物，很显然，珍稀动物只有3只。

008. 巧数金砖

小金砖的个数没有任何变化，还是576个。

009. 等式的知识

5个杯子。

010. 打靶谜题

两个25环、两个20环、两个3环。

011. 修建羊圈

这户人家最少有8只羊。

012. 加法与乘法

这道题的答案很多，2只是个特殊的例子，其余的答案均为小数。

013. 几率问题

用相同的数字下注，输赢之比为125∶91。

014. 卖报纸的孩子

总的报纸数为1020份。乔家的三个孩子卖的比较多，多出了220份。

015. 趣味小麦谜题

这是一道简单的乘法运算题。共63次乘2的乘法，只要运算不出错，很快就能得到答案。结果为：18 446 744 073 709 551 615粒小麦。

016. 球场上的获胜妙招

这是个距离为150码、300码、250码、325码、275码、350码、225码、400码、425码的9洞球场，根据题意我们确定150码和125码这两个击球的距离，共挥杆击球26次。

017. 八进制计数

1902用八进制来代替就是3556。可以表示为6个1、5个8、5个64、3个512共同相加之和。

018. 河内塔问题

答案为8191次。即 ($2^{13}-1$) 次。

019. 邮局趣事

这位女士总共买了面值为1美分的邮票50张，面值为2美分的邮票5张，面值5美分的邮票8张。

020. 排列数字

(1)将图1转化成图2方法如下：14、11、12、8、7、6、10、12、8、7、4、3、6、4、7、14、11、15、13、9、12、8、4、10、8、4、14、11、15、13、9、12、4、8、5、4、8、9、13、14、10、6、2、最后是1，共需44步。

(2)让盒内数字呈现图3的模式，最便捷的方法是：14、15、10、6、7、11、15、10、13、9、5、1、2、3、4、8、

12、15、10、13、9、5、1、2、3、4、8、
12、15、14、13、9、5、1、2、3、4、8
最后为12，总共经过了39步移动。

(3) 10个不同方向的数字相加之和为30的移动顺序为：12、8、4、3、2、6、10、9、13、15、14、12、8、4、7、10、9、6、2、3、10、9、6、5、1、2、3、6、5、3、2、1、13、14、3、2、1、13、14、3、12、15、最后为3。

在数字移动时，上下翻转的9与6可以相互转换。

021. 旅游节的难题

有900人参加了旅游节，早晨出发的马车有100辆，每车上坐9人；途中第一次坏了10辆时，改为每车坐10人；第二次又坏了15辆时，余下的每车必须坐12人，比早晨出发时，每车多了3人。

022. 贩卖者的对话

他们三个人拥有的牲畜数量分别为：海德11头、杰希7头、渡南21头。

023. 喝啤酒比赛

在24以内寻找，只有18这个数字与题目相符，因此两个小分队的总人数为18人。其中，红方队12人，共喝酒204杯；绿方队6人，共喝酒102杯。两队合计306杯。

024. 动物的贩卖问题

答案为5只狗和2只鼠。1只狗的零售价为2.2角。一只鼠的零售价为1.1角，因此7只动物总的售价为13.2角。

025. 配电盘问题

答案为323厘米。连接方法如图。

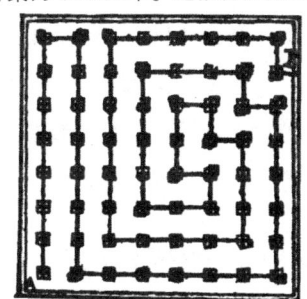

026. 弹子游戏

吉姆和哈利开始分别有子弹子100颗。

027. 小鸡和牲口的交换

根据集市上的行情，我们不难计算出25只小鸡可以交换1头牛，60只小鸡可以交换1匹马。价值475只小鸡的7头牛和5匹马是夫妻两人已经选好的。小鸡刚好够奶牛加倍的情况，所以小鸡的数量为650只。

028. 草地网球谜题

这个概率为 $\frac{1}{31}$。

029. 有效选举

各有选票1336张、1314张、1306张、1263张。

030. 东方古老的游戏

获胜的概率是 $\frac{42}{216}$。

031. 有趣的跷跷板

应该坐 12 个女孩。

032. 缪斯与美惠女神

开始美惠女神每个人有 144 朵花，4 种颜色分别有 36 朵。缪斯分别有 48 个金苹果。交换完成后，所有人都有 36 个金苹果和 36 朵花，每种颜色 9 朵。

033. 对战利品的分配

根据题意，9、12、14 分别是尼丽、玛丽和苏西的年龄。最后的分配结果是尼丽分到了 198 个，玛丽分到了 264 个，苏西分到了 308 个。

034. 财产的分配（一）

根据艾素格斯特的意思，儿子得到的资产是他夫人的 2 倍，女儿得到的资产是他夫人的 $\frac{1}{2}$，所以把全部的资产分成 7 份后这个问题就迎刃而解了。夫人分得 2 份，儿子分得 4 份，女儿分得 1 份。

035. 分配财产（二）

7 个儿子，奶牛共 56 头。奶牛的分配方法如下：大儿子 2 头，大儿媳 6 头；二儿子 3 头，二儿媳 5 头；三儿子和三儿媳分别为 4 头，以此类推，最后七儿子得到了 8 头。综合来看每个家庭均分得 8 头奶牛，接下来，只要将七匹马平均分配每一个家庭就可以了。

036. 按遗嘱分配

在皮特·求斯一家三口中，皮特的所得是 8 836 美元，太太麦莉得到了 5 476 美元，儿子纳泰得到了 2 116 美元。

在海克·密达斯一家三口中，海克得到 16 129 美元，太太尹力塔得到 12 769 美元，女儿素萨的所得是 9 409 美元。

在吉非·布莱尼一家三口中，吉非得到 6 724 美元，太太赛罗得到 3 364 美元，而他们那叛逆的儿子图馊仅仅得到了 4 美元。

037. 巧放果酱

通过罐子的容量来配比。把第二层和第三层的桶各搬下 6 个小桶，就会发现，2 个大桶所盛放的果酱与 4 个中桶盛放的一样多，换句话说就是，2 个中桶内的果酱加起来，与大桶里的果酱量一样多。用同样的方法可以得知 1 个中桶与 3 个小桶的容量相等，因此所有 60 升正好是 54 个小桶的容量之和，若换成大桶的话就是 9 个，中桶则为 18 个。

038. 划分西瓜

因为萨米多分到了 $\frac{1}{12}$（即 $\frac{1}{3} - \frac{2}{3} \times \frac{3}{8}$）的西瓜，所以最后钱数分配是萨米 14 美分，弗兰克 34 美分。

039. 茶叶的混合问题

在 40 千克的混合茶叶里，单价为 5 角的有 30 千克，单价为 3 角的有 10 千克。

040. 合伙买绳

因为两段分绳子之比为5∶7，根据绳子长度为36米可得$\frac{5}{12}$、$\frac{7}{12}$，经计算得出，赫耿夫人可得15米长的那一条绳子，澳倪厄夫人的绳长为21米。

041. 台球问题

答案为72分。每局100分时，A对C作出了36分的让步，每局200分时，让出的分数为72分。

042. 花生谜题

玛丽夫人最后剩余的花生数量是321颗。

043. 数字游戏

```
    80.5
     .97
   + .46
   ─────
      82
```

044. 硬币的分配

男子拿走的是一个3美元的硬币，三个小家伙们各分到的是一个25美分的和一个5美分的硬币。

045. 分羊问题

具体答案如图所示：

046. 分赃不均

根据题目可得，一共有3个窃贼。分配方法如下：

第一份：2升的香槟3瓶，1升的香槟1瓶，2升的空瓶1个，1升的空瓶3个。

余下的两份：2升的香槟2瓶，1升的香槟3瓶，2升的空瓶2个，1升的空瓶1个。

这样每份都有7升香槟，装5升酒的空瓶。每人领走一份就可以了。

047. 苹果的分配问题

安是琼斯的妹妹；玛丽是鲁滨逊的妹妹；简是史密斯的妹妹；凯特是布朗的妹妹。

048. 清仓甩卖

原来价格的$\frac{2}{5}$就是他降价后的新价格，换句话说，降价幅度是$\frac{3}{5}$，这一点不难看出来。于是，$1.28 \times \frac{2}{5} = 0.512$美元 $= 51.2$美分就是下一次的新价格，衣服的成本就是这些。

049. 商人的利润

因为起初购买自行车的价格无法确定，所以，我们不能给出这个题目的具体解答方式，现有的条件根本不能完整。

050. 赌马高手

25美元是两个人开始各自的本钱，杰姆开始下注是15美元，赔率是15∶1，最后赢了225美元，250美元就成为了他的新赌本。杰克开始下注是10美元，赔率是10∶1，100美元是他这次赢得钱，他的新赌本刚好是杰姆的$\frac{1}{2}$。

051. 赛马场上的趣味谜题

假如7∶3是苹果派的赔率，在大家下注3美元的情况下，就可以赢回本金以及另外的7美元，最后一共可以拿回10美元；针对赔率是6比5的大黄蜂，我们得下5美元的本金，就可以赢回6美元，最后拿走11美元。所以27比83是黄瓜的赔率。

设想一下，在我们把33美元押在苹果派的身上时，胜利后可以拿回110美元。假如把50美元押在大黄蜂身上，胜利后可以拿回110美元；假如最后的下注是110美元，本金就只剩下了27美元。要保证无论如何都要拿回本金，那么黄瓜的赔率只有是27∶83才可以。

052. 姐弟购买水果

姐姐凯迪和弟弟哈里的钱数分别是7便士和5便士。

053. 谜题爱好者之家的建设工作

要建设好谜题爱好者之家，我们的花费列表如下：

用200美元请裱褙工人；

用300美元请电工；

用800美元请水管工人；

用900美元请油漆工人；

用2 300美元请泥瓦工人；

用3 000美元请木工。

054. 中国的钱币

11文的价格分配结果是，7个圆孔钱币加上1个方孔钱币。

055. 成桶的油

如果第一个客人买的两桶酒是15升和18升的，第二个客人买的三桶酒是16升、19升和31升的，那么：

15 + 18=33

16 + 19 + 31=66

第二个人买的酒的重量正好是第一个人的2倍。

剩下的一桶酒是20升的。

只有这一个答案是符合题意的，其他的都不能满足题中的条件。

056. 两人"讨薪"

1.1美元是工头第一天的工钱，此后的90天工钱是1.11美元/天。杂工得到101美元的工钱是101天工作的结果。90美分是帮工第一天的工钱，在此后的110天工钱涨到了91美分/天，101美元是110天工作的结果。因此，史密斯支付了303美元，工作量是303个工时。

057. 各有多少钱

我开始有260美元，男爵有80美元，伯爵有140美元。

058. 碟子和杯子

促销时，巴盖恩·亨特夫人购买了10个盘子，单价是13美分，周一换来的是单价3美分的碟子18个，单价为12美分的杯子8个，总价是1.5美元，盘子的退回价格是15美分。所以在促销时，她的1.3美元可以购买到的杯子数是13个，单价是10美分。

059. 卖鸡蛋

这道题应该从后面往前推理，第二个顾客买完鸡蛋后，农妇手中还有一个鸡蛋。也就是说，第一个顾客买完鸡蛋后，剩下的鸡蛋的一半是一个半鸡蛋。所以，第一个顾客买完后，剩下的3个鸡蛋。加上半个鸡蛋，就是农妇原来有的鸡蛋的数量的一半。这样一来，农妇一共带了7个鸡蛋去卖。

我们检验一下：

7÷2=3.5　　3.5+0.5=4　　7−4=3
3÷2=1.5　　1.5+0.5=2　　3−2=1

检验之后得知，我们的推理完全符合题中的条件。

060. 格兰特将军的"小屠夫"

小屠夫的买入和卖出价格分别是264美元和295.68美元，利润是12%。另外一匹马买入和卖出价格分别是220美元和198美元，亏损10%。总的买入价和卖出价格分别是484美元和493.68美元，盈利2%。

061. 衣物清洗费

答案是39美分。因为12件夹克每件清洁费是2.5；18件衬衣每件清洁费用是2美分。因此总费用是66美分。

062. 项链的烦恼

找出那两条用3个小环两个大环构成的锁链，并把每一个圆环拆下来，然后用它们连接余下的那10条锁链。这样总共支付1.70美元，是最经济实惠的一种方法。

063. 巧找零钱

卖家手中的2枚硬币面值为50美分和25美分。将他们所有的钱全部汇总起来后，开始分钱，卖家分得的是：1美元5美分的纸币1张，2美分的纸币2张；买花小姐得到的钱数为50、10、10、1美分；小男孩留给自己的是1枚25美分的硬币和一张面值为3美分的纸币。

064. 分配救济款

分发的总钱数为120美元。共20人，每人可得6美元的慈善金。假如减去5人的话，每人可分8美元。增加了4个人之后，每人只能领得5美元了。

065. 消费问题

司妮士没有消费时总钱数为99美元98美分，30分钟后口袋里的余款是49美元99美分，她消费的钱数也是49美元99美分。

066. 有关香肠的趣题

杰米支付了 11 美分后,托提和哈奇各自手中香肠的价值也应该是 11 美分。香肠的总数为 11 根,因此香肠的总价值为 33 美分。哈奇手中有价值 12 美分的 4 根香肠,托提手中有价值 21 美分的 7 根香肠,这样哈奇应该分得 1 美分,而托提则拿到 10 美分。如此看来,正是这三个人为享用这 11 根香肠的午餐而各自付出了 11 美分。

067. 果园谜题

通过题目可得,每 1 个苹果的售价均减少了 $\frac{1}{30}$ 美分,已知她们少卖了 7 美分,因此她们和在一起后的苹果总数为 420 个,分成两份后,每份的苹果为 210 个。按以往来算琼斯会有 105 美分的总收入,如果平均分配,搭配卖掉苹果后的总钱数,她只能拿到 84 美分,105-84=21(美分)。通过计算可得史提芬多收入了 84-70=14(美分)。

068. 贩卖者

油价为每升 50 美分,14 美元可购得 13 升和 15 升的油各一桶。醋价为每升 25 美分,14 美元可购得 8 升、17 升、31 升的醋各一桶。余下的那一桶容量为 19 升,有可能是售价为 4.75 美元的醋,也有可能是售价为 9.50 美元的油。

069. 地产商的生意经

总共割成了 18 份,以每块 18 美元来计算,总的售价为 324 美元,一共赚了 81 美元。243÷18=13.5(美元),这是每一小块土地的成本价,6 块的话恰好是 81 美元。

070. 买糖果

口嚼糖 2 粒,用去 0.5 美分;可可糖 15 粒,用去 7.5 美分;共买奶糖 3 粒,用去 12 美分;总共 12 粒糖果,用掉 20 美分。

071. 1 美分的差距

丝绵线的单价是 5 美分,毛绒线的单价是 4 美分。

072. 白酒的利润

汗浦郡在白酒销售上的收入为 83.19 美元。经营带来了 59.5 美元的酒和 12 美元的现金,因此,总酒款为 59.5+283.5 = 343(美元)。把酒的进价提升 10% 卖出后,收回了 285.8 美元的货款,这时,经营者的利润为 28.58 美元,全年经营者的所得是 97.78 美元,再减去 5% 的津贴,就可得到结果。

073. 奸诈的中间商

支付的钱数大概为 187.27 美元。收购时的 1 千克是实际上的 $\frac{17}{16}$ 千克,出售时的 1 公斤则是实际上的 $\frac{15}{16}$ 千克。无形之中中间商就得到了 $\frac{2}{16}$ 的货物。当然,多出的这些随着大批的货物一起卖出了,最后得到了那 25 美元的赚利。而这 $\frac{2}{16}$ 千克的对应

项是 $\frac{15}{16}$ 千克也可以把它看成每千克利润的 $\frac{2}{15}$，也是他支出的 $\frac{2}{15}$。

如果能够顺利完成交易，中间商会为购进的 $\frac{17}{16}$ 千克货物支付 187.5 美元。若按实际份量计算，支付金额应为 199.21875 美元，中间商仅能得到 7.96875 美元的劳务费。他的利润除了诈骗得到的 25 美元外，又多加了 3.125 美分的劳务费。因此，中间商为收购支付了 187.27 美元的货款。

074. 鸡蛋的售价

答案为 18 只鸡蛋。鸡蛋的原价是每打 9 美分，12 美分买 16 只鸡蛋。加上赠送的 2 只后，共得 18 只，每打鸡蛋的价格变成 8 美分，比之前便宜了 1 美分。

075. 买水果

这道题看起来很复杂，但只有一个正确的答案，如下：

	个数	价钱
西瓜	1	5 角
苹果	39	3 元 9 角
李子	60	6 角
总计	100	5 元

076. 商品的收购与卖出

这件高级商务装的最新售价为：原进价降低 10% 后的价格，再增加 20%。根据原售价是原来进货价格的 1.1 倍，现售价是原来进货价格的 1.08 倍，那么，原售价与现售价之差是原来进货价格的 0.02 倍，这个数值是 0.25 美元，通过计算可得 12.5 美元就是原来的进货价格。12.5+12.5×10%=13.5（美元）即为原来的售价。

077. 无形的损失

已知 $\frac{1}{2}$ 的收购价与 $\frac{1}{4}$ 的饲养费用之和就是亏掉的钱数，那么这 60 美元就是收购价的 $\frac{1}{2}$ 与饲养费用的 $\frac{3}{4}$ 之和，则饲养费用为 $62\frac{2}{3}$ 美元，不难算出亏掉的钱数约为 28.67 美元。

078. 股票的利息

6 000 000 美元是普通股的价值。

079. 吉普赛女郎谜题

三周依次为 2.25 美元，0.75 美元，0.25 美元。

080. 租金问题

只要琼斯分到了 50 美元大麦，史密斯就可以分到 33.33 美元的大麦，折合成小麦就是 533.3 升。

081. 年金谜题

年金是 35 美元。第一年大女儿的年龄是 10 岁，玛塔 8 岁，玛丽 2 岁。三个人分别分到了 17.5 美元、14 美元、3.5 美元。第六年，三个人年龄分别是 15 岁、13 岁、7 岁，分到的年金分别是 15 美元、13 美元、7 美元。

082. 买房问题

小溪和小树林的价格是 833.333 3 美元。

史密斯和妻子分别有 2 500 美元和 3 333.333 3 美元。

083. 贷款买房

真实的房价是 5 329.476 8 美元。

084. 小贩谜题

老妇人购买的东西是 2 副鞋带、8 个针线包、16 块手帕。

085. 银行业务员的烦心事

其中 1 美元的纸币为 5 张,那 2 美元的纸币就是 50 张了,5 美元的纸币则为 19 张。

086. 买酒谜题

798 法郎是酒的成本价,837.9 法郎是加价 5% 后的售价,也就是在 882 法郎的基础上打了 5% 的折扣价格。为了在支付给佣人 5% 的佣金,并且打了 5% 的折扣,自己仍然要拿到 5% 的利润,售价就要提高到 921 法郎。

087. 分配股份

对于这 2 500 美元,有 2 000 美元要归布朗,其余 500 归琼斯。

088. 工资谜题

对老板有利的是雇员的工资调整方法。

根据老板的主张雇员可以拿到的总数为 600+700+800+900+1000=4 000(美元)。

而根据雇员自己的计算,最后拿到的总数是 300+312.5+325+337.5+350+362.5+375+387.5+400+412.5=3 562.5(美元),两者相差 437.5 美元。

089. 铁公鸡的悲剧

不同面值的金币被铁公鸡分成了四、五、六份,每一面值他至少拥有的数量是 60 枚,合计 2100 美元。

090. 香肠生意

答案为 70 美元。农民总共携带的香肠数量是 55 根。第一位顾客买走了一半以及半根,按 28 根收费,共计 35 美元,第二为顾客买走了余下的一半以及半根,即 14 根。在新的地方又售出了余下的一半及半根,即 7 根。此时香肠的销售额为 61.25 美元,车里还剩余 6 根。客栈老板娘买了 3.5 根,农民收取 5 美元;客栈老板买了 1.5 根,农民收取 2.5 美元;最后的一根被客栈老板的朋友买去了,付给农民 1.5 美元;因此,农民将火腿销售一空后,共得到了 70 美元。

091. 艾尼瑟夫人的香蕉

艾尼瑟夫人购买香蕉的总金额为 336 先令。用这些钱她买到了红香蕉 48 挂,黄香蕉 48 挂,总共为 96 把挂。若将 336 先令平均分成两份,用 168 先令来买红香蕉的话可买到 42 把挂,另外 168 先令可买到 56 挂黄香蕉。总共 98 挂,多出了 2 挂。

092. 工作谜题

比尔的工作天数是 $16\frac{2}{3}$ 天。

093. 奶牛的买卖

两头奶牛的进价分别为 50 美元和 150 美元。

094. 田地的面积

设田地的总亩数为 x 亩，交租附加的小麦为 y 升，可得方程组：$\frac{3}{4}y+80 = 7x$；$\frac{y+80}{x} = 8$，解方程，得 $x = 20$。

答案为 20 亩。

095. 有趣的吆喝

男孩、女孩各有 3 人。每人得到一个售价为 1 美分 2 个的糕点，2 个售价为 1 美分 3 个的糕点。

096. 选择位置

如图所示，军事战略战术题是一种十分有意思的谜题，64 格的棋盘上放 16 个棋子（黑粗点），每条直线上都不能大于 2 个。

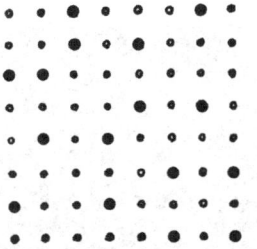

097. 军旗变换

剪刀先沿着八角星左边顶角向右边顶角笔直地横剪一下，一直剪到新月的外弧极点。接着沿着新月的内弧竖着剪一刀，把（A）部分拼到左边，十字军的十字架就取代土耳其军旗了。拼后的图形如下。

098. 拼个桌面

解答方法如图所示。

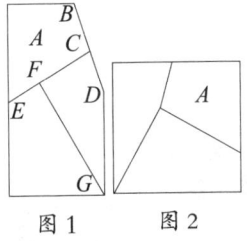

图 1　　图 2

099. 最大的新星

如图中就是新星的具体位置。

100. 摆鸡蛋的学问

如图所示，鸡蛋最多 12 个。

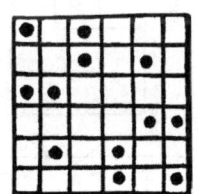

101. 比波小姐的羊圈

三个羊圈想要相互独立还要相互连接，十字交叉放置长横杆4条，并对接，两边要用4根短横杆补齐。如图所示：

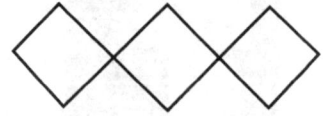

102. 海军上将的问题

（1）如图所示；

（2）五刀可以把瑞士奶酪切成16块；

（3）每块都在同的情况下，国际象棋盘可以分成18块，如图可见：

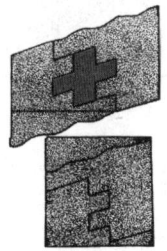
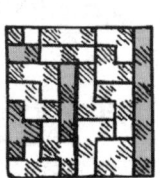

103. 四橡树之争

四块土地上各有一棵树，正方形分出的土地大小形状都相同，如图所示：

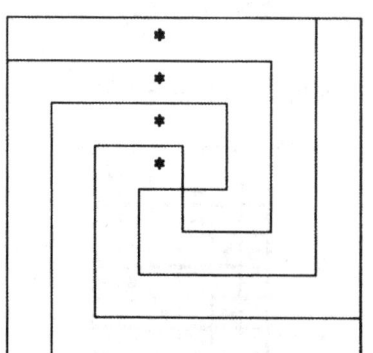

104. "红"黑桃谜题

要变成红心，如图这样切割红黑桃就可以了。

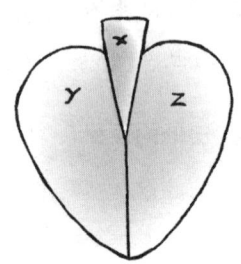

105. 古希腊标志

如图可得，从点 A 到点 Z，转折次数为13次。

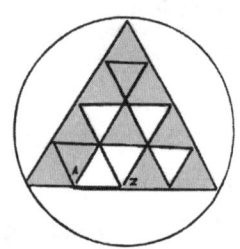

106. 无穷的链条

答案如图所示：

107. 一分为二

答案如图所示：

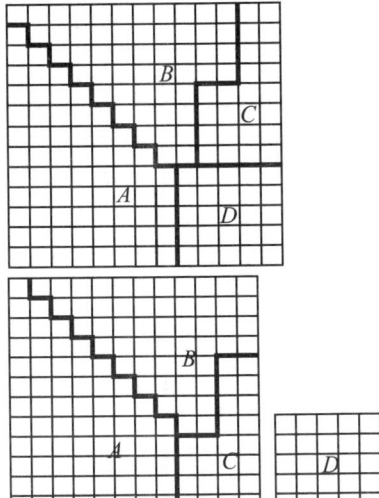

108. 姜饼谜题

答案如图所示：

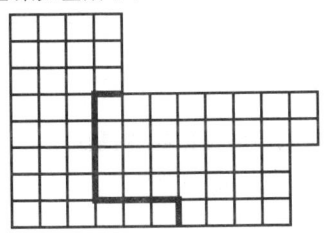

109. 执事太太的零布头

答案如图所示：

110. 考眼力

答案如图所示：

111. 波斯地毯

答案如图所示：

112. 优等生简妮的趣题

右边上面和下面各有2个圆圈，它们分别和直线相连，交点就是左边圆圈移动的位置。答案如图所示：

113. 小马谜题

中间的小白马才是我们要的答案，黑色的纸片不过是些幌子而已。

正所谓："奥，根本就是另一种颜色的马呀！"

114. 分饼谜题

最多可以分出22块，分法如图所示。

115. 黑人太太拼被单

如图所示的分割方法即可。

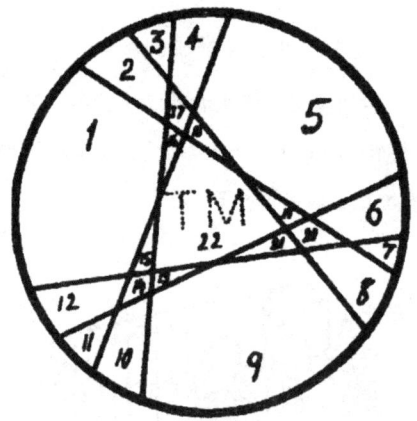

问题1

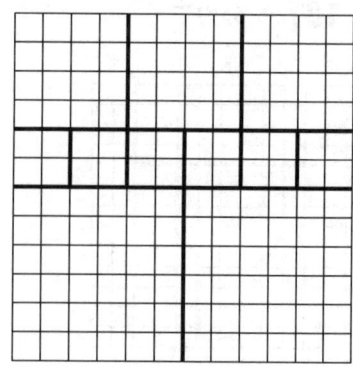

问题2

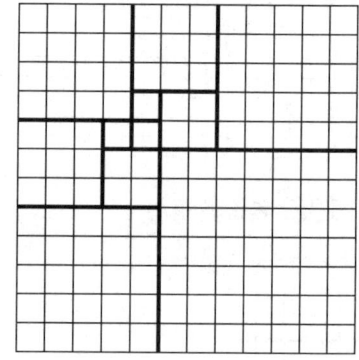

116. 通往数学的捷径

答案如图所示：

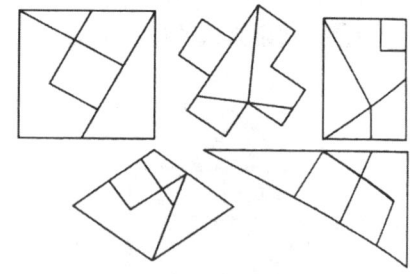

117. 柯尼斯堡的八桥问题

这样的路径有416条，O-P-D-C-E-F-H-G-I-J-L-K-N-M-A-B 是最短的路径。

118. 日本水雷阵

在军舰的航行过程中，要符合只能拐一次弯的条件下，拐弯点、起始点与结点应该组成一个如图所示的夹角。注意千万不能让角的两条边触及水雷。

119. 司令的部署

很多答案都是画了15~18条直线。但是下图的答案只用14条就解决了问题。

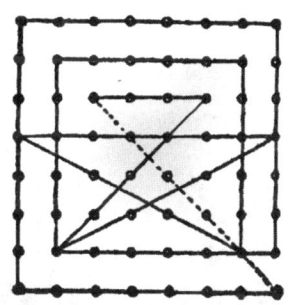

120. 来自中国的智力趣题

解决这个谜题的基本原则曾被我提及过，一些曾经被分析过的字词的特性也提供了很有效的解决方法。中国最早的换字谜题中一般都有12个汉字，每个词都用特殊的词符来表示。在美国，谜题不是一句话，而是每个方块中放一个字母，最终一个12字母的单词被组成。与前面的谜题做法一致，12个字母被挪动以后再自左至右组成一个正确的词。

虽然也收到许多巧妙的答案，各种12字母的词被提出来，走的步数有13、25等。其实最佳的那个答案却是只需走12步的Interpreting。

121. 战舰排列问题

图中展示的便是答案。

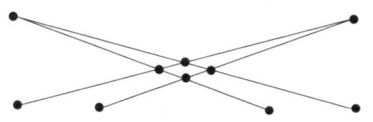

122. 巧摆杯子

首先把2和3两个杯子拿到一边，其空位用5和6填补，5和6的空位用8和2填补，最后用1和5填补上8和2的空位就可以了。

123. 挣脱锁链的后果

答案如图所示。

124. 猴子爬窗

猴子是按照10、11、12、8、4、3、7、6、2、1、5、9这样的线路来收取赏金的,用这种方法只需穿过两次下层窗子和中间窗子间的空墙。

125. 缺角的方阵

5039人。

126. 棋盘中的星星

如下图所示,需要经过14次直线移动。

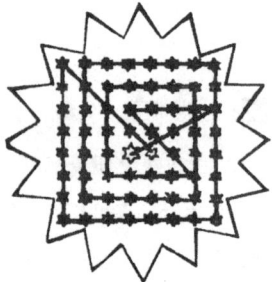

127. 穿越基地

如图所示。

128. 逃生的野猪

如图所示,共转了14次。

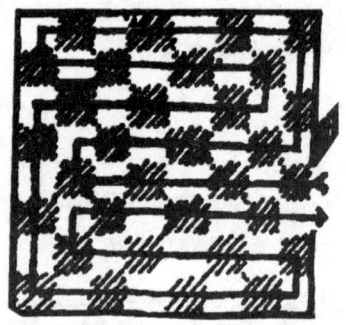

129. 巧修道路

修葺路线如图所示。

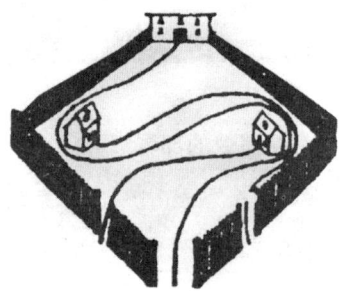

130. 巡警的路线

新的路线如图所示。

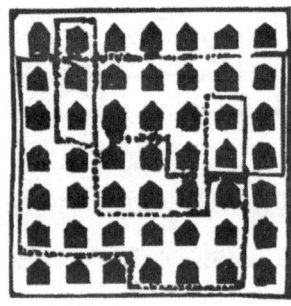

131. 变队伍的野鸭子

只需要改变两只野鸭子的位置就可以了。如图所示:

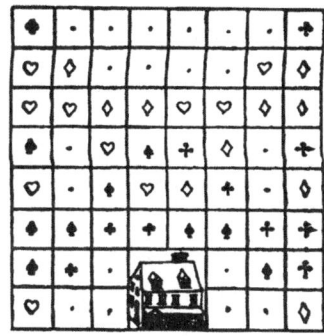

132. 织棉被的问题

这是一块 13×13 的大被单，分割方法如图所示。

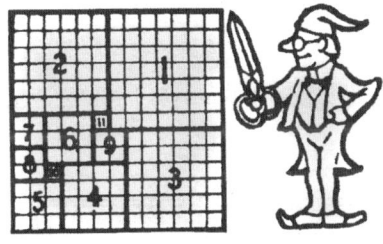

133. 最佳路线

如图所示。

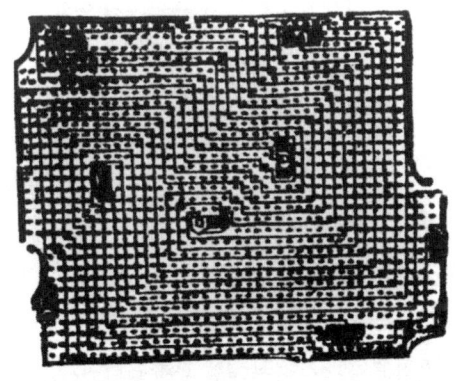

134. 果树问题

答案如图所示。

135. 白菜地问题

以前种的大白菜横竖均为 105 排，因此白菜总的种植量为

105×105=11025（棵），

而今年横竖每排增加了一棵，所以种植总量就变成了

106×106=11236（棵），

而 11236 − 11025=211（棵），

就是今年增加的种植量。

136. 托米的鸡蛋谜题

如图 1 那样放置鸡蛋，3 个鸡蛋的线段数超过了 6 条，如图 2 那样把鸡蛋连起来，这时只有 4 条线段，是最少的。

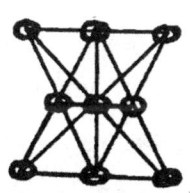 

图 1　　　　　　图 2

137. 青蛙谜题

要组建成金字塔最少要跳 516 次。

138. 普利姆索尔标记谜题

方法如图所示：

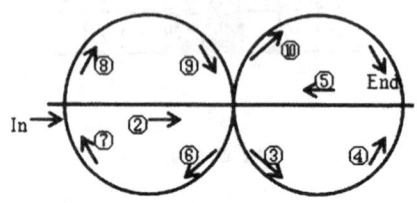

139. 托米的泰国国王谜题

问题一，答案如图所示，把中间的棱形旋转 180 度就可以了。

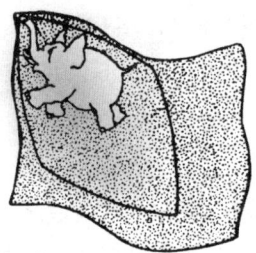

问题二，更短的路线是 15-16-12-11-10-14-13-9-5-1-2-6-7-8-4-3。

140. 建筑师谜题

建筑师沿着国王大姆指所指的上方第二格处开始剪，一直剪到上面那根手指所指的第三格处为止。接着移动右手，拼成一个平面。这时你会发现牢房只有 124 间。这样的话，监狱长就可以一直沿着左边转弯，一次性检查完所有牢房。

141. 月牙和十字架

拼成的十字架如图所示，最少需要切成六部分。

142. 各不相同的棋盘碎片

皇宫里的木匠修好的被年轻气盛的王子砸向公爵脑袋碎掉的那个棋牌复原图如图所示：

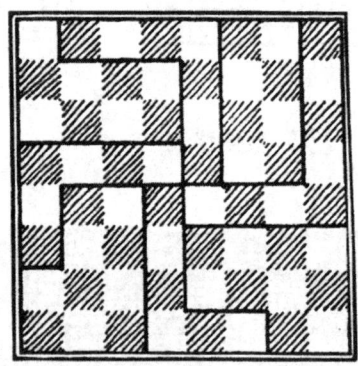

143. 马赛克拼图

我们都知道 $3^2+4^2=5^2$，因为直角三角形的斜边平方等于两直角边平方的和是被证明的定理，欧基里德的著名的 47 个问题就是这道题的根源。所以两个小正方形一个 9 个头像，一个 16 个头像，如图所示。

144. 毕达哥拉斯的经典问题

如图，一个三角形用剪刀沿着线段 AB 剪出，题中所给出的两个正方形的边长是三角形的高和底边。大正方形的边长正是直角三角形的斜边。另外一个三角形要沿线段 AC 剪出，这样大正方形 ABEC 就可以拼出来了。直角三角形斜边的平方等于两条直角边平方的和正适合解决这个毕达哥拉斯的两个正方形拼成一个大正方形的问题。

两个任意正方形的边长求和也适用于这条定理。

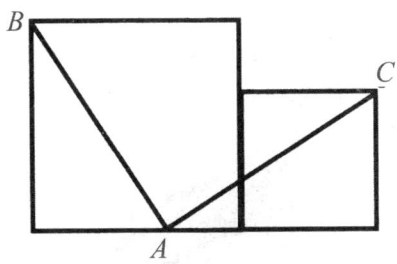

145. 小丑杰克

把纸盒沿着下图中的虚线剪开拼接，就能把六边形拼成一个正方形了。

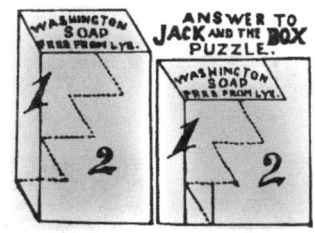

146. 新月如钩

如下图所示，这个新月可以被分成 16 份，因为新月这道题引起了读者的广泛兴趣，最后还是有聪明的读者解答了它。

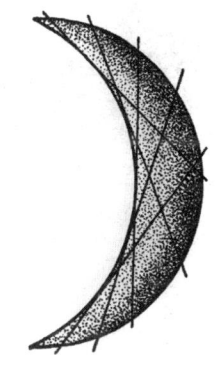

147. 复原环形蛇

如图即是答案，这个复原过程耗费了很多青年人的心血。

148. 谜题王国的三角旗

答案如图所示：

149. 狗头姜饼

解答方法如图所示：

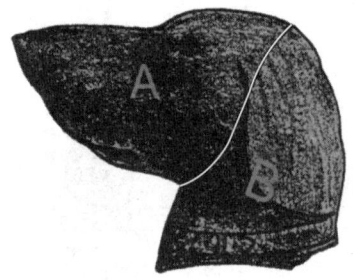

150. 老锯新齿

解答方法也常见的，我们以前的做法就是按图1把块圆形的木板裁成4部分，拼接成椭圆，如图2所示。而中国的太极图给了我全新的解题思路，把木板分为6部分，按图3图4切割拼接。

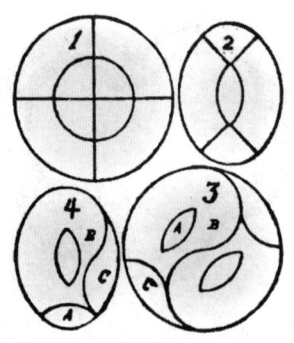

151. 红十字女孩

如图所示，左图是正方形的裁剪方法，右图是拼接方法。可以看到，两个十字架要用这个正方形裁剪大小是不一样的。

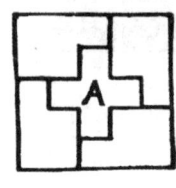
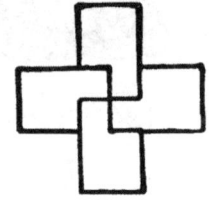

152. 切割象棋盘

答案如图所示：

153. 美国国旗问题

答案由图可得：

154. 外套做的棋盘

如图就是学生拼好的棋盘：

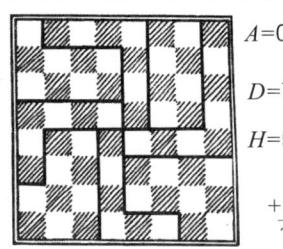

$A=0$,$B=1$,$C=4$
$D=7$,$E=6$,$F=8$
$H=5$,$I=2$,$J=9$

```
  93745
+ 28016
 121761
```

155. 希腊十字架

答案见下图：

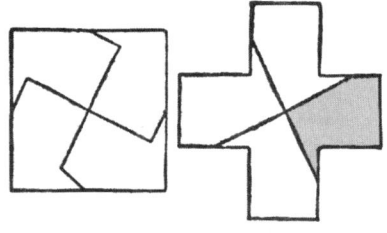

156. 中国伽之谜

答案见下图：

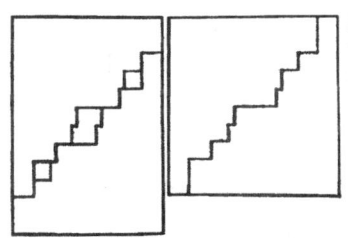

157. 鸡变"蛋"

答案如图所示：

158. 堂·吉诃德的风车

如图就是堂·吉诃德的风车：

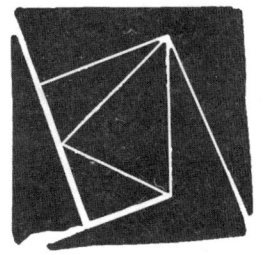

159. 大象拼图

答案如图所示：

160. 无言的亚力克

这个题目只有在边长满足一定条件的情况下，才能有正确的解答方式，如图所示，把1、2两部分补到中间，然后沿着锯齿分开，并错位一格再组合在一起。

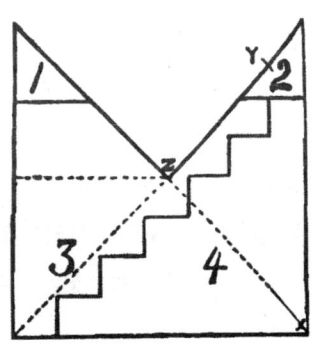

161. 铁十字勋章在古罗马的起源

如下图示。

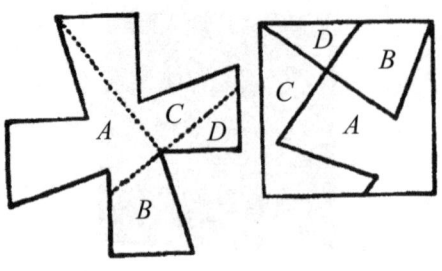

162. 十字架的分割组合

分割方法如图所示：

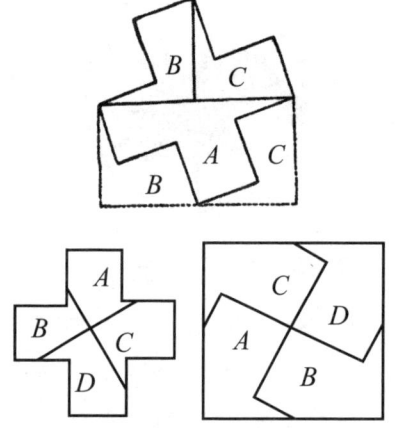

163. 巧剪五角星

有好几种方法。最便捷的方法如图所示。将一张边长分别为3.5厘米和5厘米的长方形，像图1那样对折；分别将点 A 到两个上角的顶点对折，如图2所示；以 AC 为中心对折后，B 边与 D 边来到了同一条直线上，最后沿虚线处剪断，这样五角星就做成了。

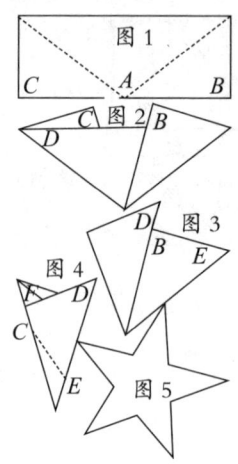

164. 巧拼菱形

如图所示

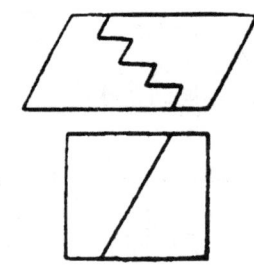

165. 有趣的轿子

答案是最少要分割成两部分。沿图中的虚线剪开再拼接就可以了。

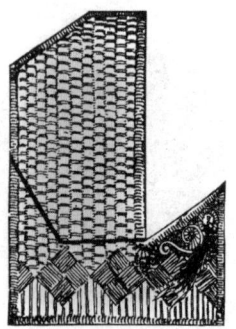

166. 巧锯桌面

木工师傅把桌面分割成3块。分割方法如图所示。

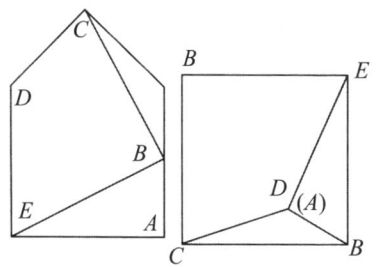

167. 队伍的排列问题

将 B 和 C 移到 H 的右边，与 H 并排站立，空缺的 B 和 C 用 E 和 F 填充，紧接着 H 和 B 再补上前面的空缺，然后用 AE 填满队伍。

168. 小丑演员的把戏

答案如图所示。

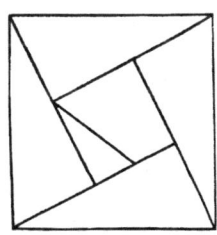

169. 边边角角的问题

解答方法如图所示：

170. 拼凑圆形谜题

解答方法如图所示：

171. 鹅的故事

鹅形状的纸板被剪两次，得到三部分，按如图方法进行拼接就可以了。

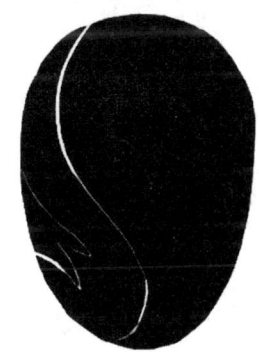

172. 古埃及的谜题

略。

173. 分割木料

如图所示，答案为3块。大部分人完成拼凑会分割5次，这样可能比较容易些。还有一部分人会将板材割成4块，也完成了拼凑。能够作出正确解答的人并不多，那就是分割成3块。具体方法如图所示。

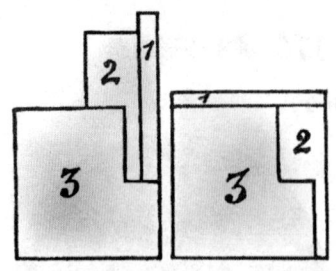

174. 分割马蹄铁

答案如图所示。先沿虚线 AB 切割，这样马蹄铁就被分成了三部分，将这三部分重叠，再切第二刀。于是，马蹄铁被 CD 和 EF 线分割成了每片只有一个钉眼的七个碎片。

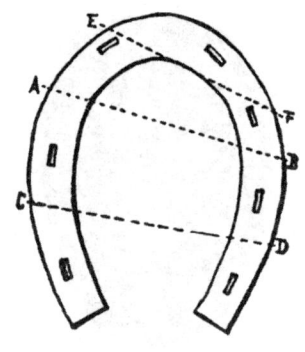

175. 天平的平衡原理

天平两端增加相同重量的物体后仍旧是平衡的，现在我们给第二个天平的两端都放上 3 个立方体，这时第二个天平左端就与第一个天平左端的物体都是相同的。8 颗玻璃球加 4 个立方体与 12 颗玻璃球相等，所以玻璃球与立方体等重；因此和 1 个陀螺等重的，除了 1 个立方体加 8 颗玻璃球，还有便是 9 颗玻璃球了。

176. 抬驴谜题

总质量是 220 千克，儿子负担 95 千克，比例为 95∶220，所以他距离挂驴位置为杠棒总长的 $\frac{125 \times 2.25}{220}$，约为 1.28 米。

177. 猫有多重

认真观察图片我们便会发现，下面的天平比上面的天平少 1 只大猫，多 1 只小猫。由于 2 磅是上下两个天平的质量差，所以大猫与小猫也相差 2 磅。现在上面天平中的所有大猫都被换成小猫，上面天平放上 7 只小猫后质量由 18.5 变为 10.5 磅，于是天平右端也需要减少 8 磅，所以 7 只小猫的质量则是 10.5 磅，小猫的质量是 1.5 磅以及大猫的质量是 3.5 磅便都能求出来了。

178. 钓鱼者的体重

这道题目的奥秘在"秤是 9 磅"这个条件，仔细分析便会发现此条件说的不是秤的质量是 9 磅，而是指它可以称不超过 9 磅的物体。现在题目是不是变简单了呢？因为鱼的质量是 3 磅，而无鳞鱼是鱼鳞的 5 倍，所以无鳞鱼的质量是 2.5 磅，鱼鳞的质量则是 0.5 磅。而秤的质量是无鳞鱼的 4 倍，所以秤的质量则是 10 磅，现在垂钓者举起的质量是无鳞鱼与秤的总质量，即 12.5 磅，又因为它的体重是举起的质量的 10 倍，因此 125 磅是垂钓者的质量。

179. 婴儿的体重问题

三个的总质量是 85 千克，另外婴儿和狗的质量之和再加上 50 就是奥图勒夫人的质量，由此得出 67.5 千克就是奥图勒夫人的体重。在根据狗要比婴儿轻 60%，并且两个体重之和为 17.5 千克。因此得出婴儿体重 12.5 千克，狗的体重为 5 千克。

180. 称体重的妙法

要想称出 114、116、118、120、121、122、123、124、125 以及 129 磅这样的组合数，女孩们的体重为 56、58、60、64 以及 65 磅才可以。

181. 砖头的质量

质量为 3 千克。

182. 纸箱重量

答案是会增加纸箱的重量。鸟儿显然比它排出的同体积的空气重很多，它要在纸箱中保持平衡，就要不断地扇动翅膀，拍打下方的空气以支撑自己的身体。正是这种不停地拍击增大了纸箱内空气对底部的压力，其大小正好等于鸟儿的重量。

183. 奇妙的称量方法

根据实际要求运用它们便能得到精确度达 0.25 磅的结果，四只金属环分别重 6.75、2.25、0.75 以及 0.25 磅。

184. 感恩节的买卖

重 24 磅的火鸡价值为 3.84 美元，夏洛克善于耍心机，常衡制或者金衡制被夏洛克药剂师用来秤火鸡。火鸡重量为 350 盎司，而屠夫秤的重量为 384 盎司，就这样 34 美分白白流失了。

药剂师以为他会一直占便宜，所以他用的是自己的秤为屠夫称盐。称重的结果是 350 磅，这些盐的价钱是 10.5 美元。双方最终商议让屠夫自己称重，而这次的结果则是 288 磅。就这样，屠夫又免费获得价值 1.86 美元的 62 磅盐，火鸡那产生的 34 美分的损失也随之抵消了，还有 1.52 美元的额外收获呢。

185. 嘉利小姐的体重

图中展示的吊床共有 12 处断裂，因此嘉利小姐重 120 磅。

186. 羽毛与黄金

在揭晓答案之前有个事实需要澄清，计算羽毛与黄金的重量采用的分别是常衡制单位与金衡制单位，面对这样的现实情况，"一磅就是一磅"的说法便不正确了。若想用常衡制去表示答案，就要看下面的分析了。72 份 12 磅重的羽毛重 864 常衡磅，若换作金衡磅，72 金衡磅则表示为 59 磅 3 盎司 407.5 格令，863 磅 15 盎司 437.5 格令也可以用来表示 864 磅，59 磅 3 盎司 407.5 格令被减掉后，804 磅 12 盎司 30 格令的结果便能使答案一目了然了。

187. 阿基米德和皇冠

空气中质量为 63 盎司的王冠放入水中的话，排出的水则是 8.2245 立方英寸。一立方英尺的水是 1728 立方英寸是我们已知的，所以任何东西到了水中都会变轻，排出的水质量则是变轻的质量。

8.2245 立方英寸的纯金质量应多于 85 盎司，而这项 63 盎司的王冠肯定是掺了假的。一立方英寸的纯金重 10.36 盎司以及一立方英寸的银子重 5.85 盎司都是我们知道的，所以一块体积是 8.2245 立方英寸，63 盎司质的合金的成分被分析出来也并不困难。

经计算，34.19464 盎司的纯金与 28.8036 盎司的银子被包含在王冠中，若一盎司金子价值 21 美元，而一盎司银子是 61 美分，所以纯黄金王冠价值 1323 美元，而成分不纯的王冠仅值 735.694596 美元，也就是说不讲诚信的宝石匠获利 587.3 美元。

188. 钻石与红宝石

每一件钻石耳饰重 5 克拉，价格为 2 500 美元，两件一共 5 000 美元。通过交换得到的两颗宝石分别重 1 克拉和 7 克拉，总价值为 100+4 900=5 000（美元）。

189. 古格尔黑姆的火鸡

小火鸡的重量是 4 磅，大火鸡的重量则是 16 磅。

190. 与荷花相关的题目

如果一段圆弧的两条正弦交于一个圆里，那么被两条弦隔开的两线段等长，这个观点被欧基里德提及。

如图所示，水面就是圆弧的一条弦 ED，被规定为 21 厘米长的两段弦相乘的结果为 441。

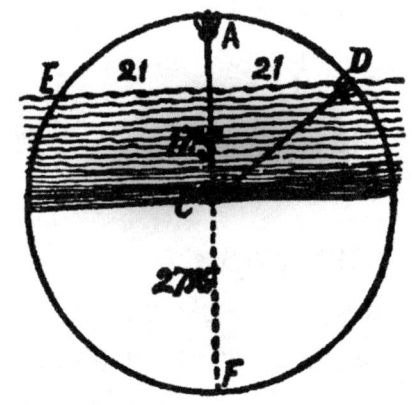

另一条与 ED 相交的 AF 则用荷花茎来表示，高出水面的部分有 10 厘米，它与另外一段弦之积为 441。接着 441 除以 10 得出的结果 44.1 厘米就是另一段弦的长度。圆的直径 AF 也可得知，那便是 54.1 厘米。圆的半径是 27.05 厘米，这个结果减掉荷花高出水面的 10 厘米，所以 17.05 厘米便是湖的深度。

191. 环带状田地的宽度

这里有一个简单的规则蕴含在问题中，斜插走近道，沿路绕行过，两者之数差，四分选其一。下面听我再讲述一个易于理解的版本吧，用矩形的两边之和减掉对角线的长度，得出的差数再除以4。土地长2 000码，宽1 000码是已知的，因此191码便是环带状田地的宽度了。

192. 足球的大小

一个球体是由无数个三棱锥构成的，球体的中心是所有三棱角的顶点汇集处，球体的表面积是三棱锥的底面。三棱锥的体积公式是底面积乘高度的 $\frac{1}{3}$，所以球体表面积之和乘半径的 $\frac{1}{3}$ 便是球体的体积公式。若球体的表面积与体积的数值相等，所以 $\frac{1}{3}$ 的半径长度应为1，因此6便是该球体的直径。

193. 与月球相关的谜题

这团直径为24厘米的缆绳占24厘米高的盒子的 $\frac{2}{3}$，所以缆绳的体积相当于直径为24厘米、高16厘米的圆柱体。这样球的体积便可以被转化为圆柱体，再进行求解24厘米与 $\frac{1}{100}$ 厘米的比值是很清楚的，即2400：1的结果。2 400×2 400得出的结果是5 760 000，这也是被包含在大圆柱管中的 $\frac{1}{100}$ 厚的圆柱体的数量，再乘16后得到的92 160 000厘米便是缆绳的总长。

圆柱体与球体间的比值是被阿基米德发现的，这一发现被后人看作是最重要的发现。

194. 丹麦国旗谜题

十字架的宽度 = $\frac{周长}{4} - \frac{对角线的长度}{2}$

$c^2 = a^2 + b^2 = 56.25 + 25$

$\qquad = 81.25$

$\qquad c = 9.014$

∴ $\frac{a+b}{2} - \frac{b}{2} = 1.743$

195. 石磨的面积

直径是22英寸的磨石的面积是可知的，然后我们再将直径为 ($\frac{1}{7}$ +3) 英寸的圆洞的面积减掉，这样就能求出第一个人用过后的磨石的大小了。不过完美的方式却是直接通过直径来求解。现在让我们在磨石里画一个正方形，然后在正方形内画一个最大的圆，因此该圆的面积便占大圆面积的一半。

196. 三角形的地段

三角形的边长分别为30、224与226厘米。

197. 无偿圈占土地

这个题目的答案和一英亩的平方英尺数相关，也就是43 560。若是有这个数目的木头，并用这些木头制成三道横栏的围栏，一块43 560英亩的方形土地便围成了。

198. 林肯"圈地"

12根横杆被围成一个正十二边形时的

面积达到最大值，略多于 2 866 平方米。

199. 湖的面积

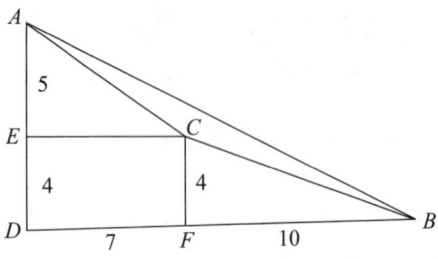

如图所示，图中的三个角分别用 A、D、B 来表示，BD=17，AD=9，因为 9×9=81，加上 17×17=289，就是最大的农田面积，即 370。以 A、E、C 为顶点的三角形为直角三角形，所以 AC 的平方等同于 7 的平方加上 5 的平方，即 74。同样以 A、B、D 为顶点的直角三角形斜边的平方也等同于两直角边的平方之和。三角形 ABD 的面积等于 $17\times 9\times\frac{1}{2}$ =76.5（英亩）。很明显两个三角形与长方形的面积是 65.5 英亩，所以湖面的面积便是 11 英亩。

200. 铺餐巾的妙计

一张餐巾被整齐地放在一个角落，剩余的地方也很容易就能被其他两张餐巾覆盖住。所以能被三张 12 英寸的餐巾覆盖的正方形桌子的长度为 $(\frac{1}{4}+15)$。

201. 节俭的工匠

边长为 12.6 英尺的立方体的体积是 2000 立方英尺是我们知道的，若是将高度减少一半，那么一个体积是 1 000 立方英尺的水罐便可以被造出来了。此时铜片的面积大约是 476 平方英尺。

202. 混合茶叶问题

这类谜题需要的是一种有趣的方法。这里有两个内部边长分别为 17.299 与 25.409 厘米的方形箱子，这两个箱子和装茶叶的 22 个木箱是等价的，每个小木箱的体积是 9.954 立方厘米，于是红茶与绿茶的比例也便出现了，即 25.409:17.299。

203. 柏拉图方块

大部分数学家都很熟悉这个问题，他们很了解对几何数进行平方或者立方便得出面积或者体积。他们先拿 4 做实验，64 个单位面积的小立方体被包括在边长为 4 的立方体中，于是这个立方体应该被放在边长为 8 的正方形广场中央，此时广场的面积也为 64。不过这个结果与草图中广场与纪念碑的比例不相符。

所以应该尝试大一些的数，比如 9，边长为 9 的立方体体积是 729，边长为 9 的立方体中刚好也包括 729 个单位面积的小立方体。并且此时的比例也很符合草图要求。

204. 邮递箱子

13.856 英寸是大箱子的尺寸，6.928 英寸是小箱子的尺寸。两个箱子相加就是

20.784英寸，因为每英尺要收费5美元，所以总共的费用为8.66元。若按体积算两个箱子是2 992立方英寸，即1.732立方英尺，此时的收费标准是5美元每立方英尺，所以费用还是8.66美元。

205. 混合奶问题

1号桶被装入11加仑的清水，2号桶被装入5加仑牛奶。1号桶中的5加仑清水被倒入2号桶，接着将2号桶中的混合液体倒入1号桶6加仑，1号桶中的混合液体再被倒入2号桶，此时各有8加仑的混合液体存放在两个桶中。1号桶与2号桶中分别有清水5加仑与6加仑，分别有牛奶2加仑与3加仑。

1号桶中8加仑的混合液体以10美分一夸脱的价格售完后可得3.2美元，纯牛奶的成本16美分被减掉后可得利润3.04美元；2号桶中的混合液体的单价是8美分一夸脱，售完后收入2.56美元，纯牛奶的成本24美分被减掉后获利2.32美元。于是问题的答案便出现了，就是5.36美元。

206. 送奶工的问题

送奶工的1号桶装的是5.5加仑水，2号桶装的是2.5加仑牛奶。经过一番手脚之后1号桶内变成了1加仑牛奶与3加仑水。0.5加仑牛奶与2.5加仑水是2号桶的量。

207. 狡猾的送奶工

送奶工在第一、二、三、四条街道的送奶量分别为32、24、18、13.5夸脱，总量为87.5夸脱。

208. 酒商酿酒

首先用苹果酒灌满两个容器，接下来桶中所有的苹果酒被倒进小桶里。两个容器中的苹果酒被倒回苹果酒桶后，再将小容器内的2加仑苹果酒放入苹果酒桶里。此时2加仑的白兰地通过小容器被加入小桶，接下来两个容器都要被小桶内的混合液体灌满了，此时（$\frac{7}{19}$+1）加仑是容器中白兰地的量，最后小桶要用苹果酒桶中的液体来灌满。这些都完成后，混合液体中的白兰地刚好是苹果酒的16倍。

209. 打铁匠

1加仑是282立方英寸是我们已知的，所以25加仑的桶放7 050立方英寸的酒是刚刚好的。桶的体积公式为：下底面面积加上底面面积加四倍的中截面面积的结果再乘$\frac{1}{6}$的桶高。下底面面积是上底面面积的$\frac{1}{4}$，因为中截面的半径是上下底面半径之和的一半，所以中截面面积就是底面面积的2.25倍。假设下底面面积为S，则$7050=12\times\frac{1}{6}\times(4S+S+\frac{9}{4}S\times4)$，再根据圆的面积公式$S=\pi r^2$，桶口的半径便求出来为8.95英寸，因此桶口的直径是17.91英寸。

210. 市场督察的困扰

用不精准的秤称量自然得不出准确的结果，杠杆的臂长与物件的重量，也就是秤的中心至物体的距离是成正比例的。把物体分别放在两端测出重量，将两个结果相乘之后开平方根，最终结果即为物体的实际重量。

在长臂上的三棱锥与 $(2+\frac{2}{3})$ 个立方体等量，而在短臂上的三棱锥的重量则是立方体的 $\frac{1}{6}$。

$(2+\frac{2}{3}) \times \frac{1}{6} = \frac{4}{9}$，开平方后的结果为 $\frac{2}{3}$，所以一个三棱锥是一个立方体的 $\frac{2}{3}$。

假如每个三棱锥重 1 盎司，则立方体重 $\frac{3}{2}$ 盎司，该问题的答案也便出现了，那就是 12 盎司。

211. 卖牛奶老人的困惑

A 与 B 分别代表两个 10 加仑的牛奶桶，按下面的步骤便可以完成题目中的要求：

（1）将 A 中的牛奶倒入 5 夸脱罐，A 中便减少 5 夸脱；

（2）将 5 夸脱里的牛奶倒入 4 夸脱罐里，于是 5 夸脱罐里剩余牛奶的量为 1 夸脱；

（3）把 4 夸脱罐里的牛奶倒入 A，此时 A 中还缺少 1 夸脱；

（4）接着 5 夸脱罐剩余的牛奶也被放入 4 夸脱罐中；

（5）此时 5 夸脱罐再用 A 填满，这个时候 A 中牛奶就缺少 6 夸脱；

（6）用 5 夸脱罐灌满 4 夸脱罐。原有 1 夸脱牛奶的 4 夸脱罐被灌满后，5 夸脱罐里剩下的牛奶便是 2 夸脱了；

（7）将 4 夸脱罐再清空倒入 A，此时 A 中缺少 2 夸脱；

（8）此时 B 派上用场，需要装满 4 夸脱罐。

（9）将 4 夸脱罐灌满 A，此时 4 夸脱罐里剩下的牛奶便是 2 夸脱。

212. 巧用容器

这个谜题的确不复杂。首先把 3 加仑容器加满，接着 3 加仑容器中的啤酒被倒入 5 加仑容器中。然后再灌满 3 加仑容器，并开始往 5 加仑容器中倒啤酒。这个时候 3 加仑中会有 1 加仑的剩余量，小伙子们便可以好好享受一番了。此时 5 加仑容器中的啤酒就要被倒回大桶中了，接着用 3 加仑容器分两次装三加仑的量，一次倒给 5 加仑容器便大功告成了。